Study on the New Rural Construction Model in Socialist China

"三农"若干问题研究系列
Research Series on "Three Rural Issues"

中国社会主义新农村建设模式研究

李建桥 /著

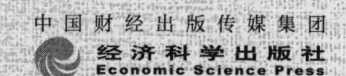

《"三农"若干问题研究系列》编委会

主　编　刘　旭

副主编　王东阳　秦　富

成　员　王秀东　杨建仓　孙丽萍　王立平
　　　　　郭燕枝　李建桥　郭静利　宋莉莉
　　　　　陈伟维　梁占东　崔运鹏　闫　琰
　　　　　卫　荣

审　校　王济民　王秀东

总序

"三农"问题是农业文明向工业文明过渡的必然产物。我国是农业大国,更是农民大国,在全面建设小康社会的进程中,最艰巨、最繁重的任务在农村。"三农"问题关系党和国家事业发展全局,因此,历来是党和国家工作的重中之重,也是整个社会关注的焦点问题。近年来,我国重大政策决策连年聚焦"三农"问题,出台了一系列强农惠农政策,我国农业和农村发展取得了显著成效,粮食连年增产,农民收入也连续较快增长。但是,在"四化"推进过程中,农业发展依然滞后;城镇化快速发展的形势下,城乡差距依然非常突出;农民增收面临经济下行和农产品国际竞争力持续减弱的双重压力。农业发展现代化进程中,耕地、水等资源压力不断加大,生态环境改善要求持续提高。因此,我国"三农"问题还需要持续关注。

本套丛书从战略角度出发,从农业发展、社会主义新农村建设、农民收入以及农业科技革命等多个维度对我国"三农"问题进行了较为全面、系统、深入的探索。其中,农业发展战略研究维度,分析不同历史阶段农业的主要功能及其发展的客观条件,探讨各种农业政策的出台背景与实施效果,并对当前社会经济环境变动及其对农业的影响进行了重点剖析,提出了新中国发展60多年三阶段的论点,即先后经历了"粮食农业"、"食物农业"和"食品农业";社会主义新农村建设研究维度,依据公共品供给方式、持续发展潜力、发展资金来源、区域间发展差异、要素流动状况等因素将我国社会主义新农村建设的模式归纳为政府扶持、村庄结构转变及村镇扩展三大类;农民增收研究维度,从宏观、中观和微观三个层面对我国区域间农民收入增长及差异进行深入探讨，提出了持续增加农户收入同时缩小农户间收入差异的政策建议；农业科技革命研究维度，通过剖析全球洲际引种、石化革命、绿色革命、基因革命发生发展内在动因，探索分析可持续发展框架下，我国农业科技革命发生、发展的推动、制约因素和进一步发展的"瓶颈"，并针对我国农业科技革命发展存在的主要问题，提出对策建议，为我国制定农业可持续发展的科技战略提供了有益参考。

本套丛书凝聚了各位作者的真知灼见，研究深入扎实，为破解"三农"难题提出了有针对性、实践性和前瞻性的建议。"三农"研究，情系"三农"，相信经过全国广大"三农"研究者持续不断的努力，定能在理论层面不断明晰问题根源，提出有效解决问题的方法和路径，为全面实现"两个一百年"的奋斗目标提供有力支撑。

编委会

2015 年 9 月

前言

目前学术界对新农村建设的理论探索尚未形成一套完整的体系，具体表现为在实践上倾向于农村典型村庄的经验总结，形成学习的样板；在理论上则倾向于通过社会学、经济学等多学科、多角度的理论探索，在逻辑和理论上找到新农村建设的理论模式框架。但农村实践与理论研究这二者还没有形成逻辑上的一致性，在研究思路上缺乏对已有经验的梳理归纳。本书力图弥补长期以来我国农村实践调查无法与理论结合并指导新农村建设的缺陷，对我国几个历史时期的典型村庄进行系统的归纳分析，进而归纳出我国农村发展的本质规律。

本书依据我国宏观经济体制转变历程将农村发展分为三个阶段：以粮为纲发展阶段、市场化发展阶段与新农村建设阶段。选取这三个不同阶段的农村典型村庄，包括改革开放前的19个村庄、改革开放后至新农村建设提出前的12个村庄以及新农村建设提出后的75个村庄，并分别从生产要素的流动状况、公共服务水平两个部分进行考察，尤其是对新农村建设时期农村典型样本进行了统计分析。第一阶段，我国处在工业化的初期，国家工业化依靠提取农业剩余来积累原始资本，劳动力不能全国性自由流动，通过低成本的劳动力增加土地产值以及整治山河等发展农业生产支持工业化建设。在公共福利上则通过推行义务教育、合作医疗等措施，由政府提供低水平的农民生活保障。第二阶段，我国计划经济体制向市场经济体制转变，生产要素依然不断地从农村流向城市。在公共物品供给方面实行了市场化改革，农民的收入以及负担都明显增加。第三阶段，打破城乡二元社会经济结构，建设以人为本的新农村。在生产要素流动上通过制度改革反哺农村和农业，增加农民的福利水平。政府加大公共物品提供力度，从根本上减轻农民负担，逐步推进全国农村居民保障体系改革。

国外的农村建设经验能够给我国新农村建设提供有益的参考。韩国新村运动发扬农民自力更生的精神，实现了项目实施的有计划性推进。日本农村发展主要得益于全国城乡统一的社会保障体系以及建立综合农协，解决了农民的后顾之忧。英国和美国的农村发展与城市发展是同步进行的，城乡差别不大，英国有比较完整的工人保障法律体系，而美国完备的农业法律体系是农村发展的重要保障条件。

最后，本书对新农村建设模式进行了分析比较，提出只有站在以人为本的立场上考察农村发展才能解决我国农村发展问题。通过细致划分农村福利的构成以及分析个体与集体间不同经济实力形成的不同公共物品提供模式，结合公共物品供给方式、持续发展潜力、发展资金来源、区域间发展差异、要素流动状况等因素提出我国新农村建设的三大模式，即政府帮扶模式、乡村自我升级模式和乡村扩张模式。其中，政府帮扶模式包含集体搬迁和重建、政府直投和政府投入集体兴办企业三种模式；乡村自我升级模式包含强化集体功能、筹集集体发展资金、村庄公司集团化、私人购买公共物品和村庄合并五种发展模式；乡村扩张模式包含集体福利扩张和集体资本扩张两种模式。

李建桥

2017 年 5 月

目 录
Contents

第1章 导 言 / 1
  1.1 中国新农村建设的研究背景 …… 1
  1.2 中国新农村建设路径选择的研究意义 …… 4
  1.3 中国新农村建设研究文献综述 …… 6
  1.4 本书研究路线及创新点 …… 9

第2章 中国新农村建设的内涵、原则与任务 / 13
  2.1 中国新农村建设的相关概念界定 …… 13
  2.2 中国新农村建设的特征、内涵 …… 16
    2.2.1 中国新农村建设的认识发展线索 …… 16
    2.2.2 中国社会主义新农村不同阶段的内涵 …… 17
    2.2.3 中国社会主义新农村建设指导方针的内涵 …… 20
  2.3 新农村建设"两个反哺"的内涵与外延扩展 …… 21
    2.3.1 "两个反哺"的内涵 …… 21
    2.3.2 "两个反哺"的理论构架与现实约束条件 …… 22
    2.3.3 "两个反哺"的现实路径选择 …… 25
  2.4 新农村建设的基本原则与任务 …… 26
    2.4.1 新农村建设的基本原则 …… 26
    2.4.2 新农村建设的基本任务 …… 29
  2.5 新农村建设的升级——美丽乡村 …… 31
    2.5.1 美丽乡村的内涵 …… 32
    2.5.2 美丽乡村中的特色小镇 …… 33

2.6　本章小结　33

第3章　中国农村发展模式的阶段特征分析 / 35

3.1　以粮为纲目标下的农村发展阶段（1949～1978年）　35
 3.1.1　农村发展的国内外时代背景　35
 3.1.2　中央政府对农村发展的支持　36
 3.1.3　农村生产要素特征分析　37
 3.1.4　全国19个典型村庄发展模式分析　39
 3.1.5　农村发展典型个案分析　42

3.2　市场化农村发展阶段（1979～2005年）　43
 3.2.1　农村发展与小康社会指标体系的内涵演进　44
 3.2.2　市场化阶段农村发展的特点　47
 3.2.3　市场化阶段农村发展模式主要存在的问题　58
 3.2.4　农村市场化阶段典型示范村实证分析　64
 3.2.5　市场化阶段农村发展模式的借鉴意义　71

3.3　新时期农村发展阶段（2006年至今）　74
 3.3.1　新时期农村要素流动变化　74
 3.3.2　农村发展典型示范村分析　76
 3.3.3　新农村建设的升级与美丽乡村（2013年至今）　81

3.4　本章小结　87

第4章　中国农村发展的阶段比较 / 88

4.1　社会主义新农村建设的比较标准　88
4.2　中国新农村建设的福利目标分解　89
4.3　中国农村建设不同阶段的比较　90
 4.3.1　产业结构比较　90
 4.3.2　农村发展框架比较　94
 4.3.3　农村福利比较　97
4.4　本章小结　107

第5章 国外农村建设经验借鉴 / 109

5.1 韩国"新村运动"的经验借鉴   109
    5.1.1 韩国"新村运动"的发展历程   109
    5.1.2 韩国"新村运动"的做法和成就   111
    5.1.3 韩国"新村运动"的启示   113
    5.1.4 韩国"新村运动"的不足与教训   114

5.2 日本农村发展经验的分析与借鉴   115
    5.2.1 日本农村建设概况   115
    5.2.2 日本农村建设的主要做法   115
    5.2.3 日本农村发展的经验借鉴   119

5.3 英国农村发展的经验借鉴   120
    5.3.1 英国农村建设概况   120
    5.3.2 英国农村建设的主要做法   121
    5.3.3 英国农村发展的经验借鉴   123

5.4 美国农村发展的经验借鉴   124
    5.4.1 美国农村发展概况   124
    5.4.2 美国农村建设的主要做法   125
    5.4.3 美国农村发展的经验借鉴   126

5.5 本章小结   127

第6章 新农村建设模式探讨 / 128

6.1 新农村建设模式的构建前提和依据   128
    6.1.1 新农村建设模式的构建前提   128
    6.1.2 新农村建设模式的构建依据   130

6.2 以人为本思想下的农村发展模式分析   131
    6.2.1 当前农村发展主要观点辨析   131
    6.2.2 中国新农村建设模式的归纳和总结   133
    6.2.3 公共物品提供与农村发展阶段   134
    6.2.4 不同公共物品提供水平的阶段划分   137
    6.2.5 对中国农村各阶段变革的解释   138

	6.2.6 中国公共物品供给与新农村建设模式的构成关系	*139*
6.3	社会主义新农村建设模式选择	*141*
	6.3.1 政府帮扶模式	*142*
	6.3.2 乡村自我升级模式	*144*
	6.3.3 乡村扩张模式	*147*
6.4	中国新农村建设模式选择的影响因素	*149*
	6.4.1 村集体功能弱化、公共物品市场化模式依然在探索	*149*
	6.4.2 资本对就业与劳动力报酬的抑制	*150*
	6.4.3 农民家庭经营收入与政府政策干预	*154*
6.5	本章小结	*155*

第7章 结论与政策建议 / *157*

7.1	结论	*157*
7.2	政策建议	*160*

参考文献 / ***162***

后记 / ***171***

第1章

导 言

中国社会主义新农村建设的战略构想是我国政治、经济、文化等方面发展到一定阶段的必然选择，也是从全局和战略的高度解决我国"三农"问题的一把钥匙。2004年9月召开的十六届四中全会上，胡锦涛同志明确提出"两个趋向"的重要论断，即在工业化初始阶段，农业支持工业、为工业提供积累是带有普遍性的趋向；在工业化达到相当程度后，工业反哺农业、城市支持农村，实现工业与农业、城市与农村协调发展，也是带有普遍性的趋向。它标志着我国农村建设从城乡二元结构下着眼于"三农"问题的解决进入了破除城乡对立、统筹城乡发展、构建城乡一体化的历史新阶段。

1.1 中国新农村建设的研究背景

中国坚定不移地推进改革开放的30多年以来，社会主义市场经济体制初步建立，开放型经济已经形成，社会生产力和综合国力不断增强，各项社会事业全面发展，人民生活总体上实现了由温饱到小康的历史性跨越。但是，还应当看到我国目前面临的众多问题，如工农差距、城乡差距和地区差距日益扩大，社会矛盾日益严重甚至局部激化。

1. 国际背景

第二次世界大战以后,"亚洲四小龙"的迅速崛起以及我国面临的内忧外困促使我国也采用了工业优先发展的发展战略。随着工业的发展,这种非均衡的发展模式形成了发展中国家特有的城乡二元结构特征,贫富差距拉大,社会矛盾日益严重。为了缓和社会矛盾,各国在进入工业化中期阶段后基本采用以工补农,城市反哺农村等措施改善城乡发展的不均衡现状,日本、韩国以及欧美等国对农村发展的大力补贴和法律等支持促进了农村地区较快的发展。

2. 历史背景

中华人民共和国成立后,面对以美国为首的西方发达国家对中国经济封锁,以及国内工业基础落后的现状,中国依靠农村、农业和农民对城市工业进行支持,通过内部的资本累积和转移发展工业化体系。中国政府制定和运用包括户籍、粮油供应、就业、教育、社会保障等十多项具体制度,严格地把农民限制在农村,并通过"以农补工"和"剪刀差"获取工业化优先发展所需要的原始积累资金,实施重工业优先发展战略。据统计,1952~1986年,国家通过"剪刀差"从农民手中隐蔽地拿走了6868.12亿元的资金,约占这些年间农民所创造价值的18.5%(仲大军,2001)。而进入20世纪90年代以来,"剪刀差"还呈现不断扩大的趋势,每年"剪刀差"的绝对值都在1000亿元以上。20世纪80年代以来,随着我国经济体制改革的深入,市场经济逐步取代了传统的计划经济,在改革效率大幅提升的同时,收入分配出现了差距扩大的现象。党的十四大提出要"兼顾效率与公平";党的十四届三中全会的《关于建立社会主义市场经济体制若干问题的决定》提出"效率优先、兼顾公平";党的十六届四中全会的《中共中央关于加强党的执政能力建设的决定》从构建社会主义和谐社会的高度,提出要"注重社会公平"。城乡二元体制改革的理念逐步在全国上下达成共识,生产要素回流重塑乡村文明引发社会关注。

3. 时代背景

相关的理论和实证研究表明,我国已经进入了能够实行"工业反哺农业"的工业化中期阶段（马晓河，2005；李佐军，2007）。其主要的标志性指标为：我国人均国内生产总值已超过1000美元，2004年我国国内生产总值超过13万亿元，财政收入2.6万亿元；农业在GDP中的份额逐年下降，第二、第三产业在GDP的比重已占主导地位；我国农业部门就业的劳动力占全社会总就业的比重下降到50%以下，城镇人口比重大幅度提高；农业对工业化的外汇贡献已微不足道。

十几年来，"工业反哺农业"从理论提出逐步走向实践落实，从战略构想迈向精准实施。"十五"末期，中央明确提出我国已经整体进入了以工补农、以城带乡的工业化中期阶段；党的十六大明确提出了解决"三农"问题必须统筹城乡经济社会发展；十六届三中全会第一次正式提出了"统筹城乡发展"的思想，而且将它放在"五个统筹"之首；十六届四中全会上，胡锦涛总书记提出了著名的"两个趋向"论断，指出我国已经进入了以工补农、以城带乡的阶段；十六届五中全会提出"建设社会主义新农村"。上述概念的产生有明显的逻辑关系层次，它们之间是一脉相承的，是战略决策思路一步一步具体化的过程。

4. 政策背景

从"三农"问题的提出，到"新农村建设"，再到"美丽乡村"的提出与实践，反映出我国政府对农村问题的重视与前瞻性战略构想，农村政策支持力度逐步升级。

2004年2月8日，《中共中央国务院关于促进农民增加收入若干政策的意见》的公布标志着我国国家发展战略目标重新把解决"三农"问题放入视野，把增加农民收入作为"三农"问题的核心内容。它构成了新世纪以来的第一个关于农业的一号文件。

2005年1月30日，《中共中央国务院关于进一步加强农村工作提高农业综合生产能力若干政策的意见》公布，强调要通过提高农业综合生产能力来提高农村生产力水平；通过稳定、完善和强化各项支农政策，切实加强农业综合生产能力建设，继续调整农业和农村经济结构，进一步深化农村改革。

2006年2月21日，《中共中央国务院关于推进社会主义新农村建设的若干意见》公布，要求加快推进建设全面小康社会的进程和社会主义新农村建设；加强和完善基础设施建设，促进农村民主政治建设和精神文明建设，推进农村综合改革，促进农民持续增收，确保社会主义新农村建设有序进行。

2007年1月29日，《中共中央国务院关于积极发展现代农业扎实推进社会主义新农村建设的若干意见》公布，明确提出新农村建设的首要任务，提出用现代物质条件、科学技术和现代产业体系发展农业，用现代的经营理念、管理手段推进农业产业化发展。2007年农业和农村工作的总体要求是：以邓小平理论和"三个代表"重要思想为指导，全面落实科学发展观，坚持把解决好"三农"问题作为全党工作的重中之重，统筹城乡经济社会发展，实行工业反哺农业、城市支持农村和多予少取放活的方针，巩固、完善、加强支农惠农政策，切实加大农业投入，积极推进现代农业建设，强化农村公共服务，深化农村综合改革，促进粮食稳定发展、农民持续增收、农村更加和谐，确保新农村建设取得新的进展，巩固和发展农业农村的好形势。

2008年1月30日，《中共中央国务院关于切实加强农业基础建设进一步促进农业发展农民增收的若干意见》公布，提出建立以工促农、以城带乡长效机制，加强农业的基础地位，走中国特色农业现代化道路，形成城乡经济社会发展一体化新格局。

2008年12月31日，《中共中央国务院关于2009年促进农业稳定发展农民持续增收的若干意见》公布，提出要深入贯彻落实科学发展观，把保持农业农村经济平稳较快发展作为首要任务。文件共提出了二十八条措施来促进农业稳定发展与农民持续增收，其中包括进一步增加农业农村投入、较大幅度增加农业补贴、保持农产品价格合理水平、增强农村金融服务能力等。

1.2 中国新农村建设路径选择的研究意义

党的十六届五中全会提出了推进社会主义新农村建设的历史任务，这是党中央统揽全局、着眼长远、与时俱进做出的重大决策，是一项惠及亿万农民，关系国家长治久安的战略举措，是现代化建设的关键时期必须担负和完成的一项重要使命。

（1）为实现新农村建设中"公平基础上兼顾效率"的战略目标提供理论依据和建议。目前我国已经进入了工业化中期，经济取得了较快发展的同时，贫富差距也在进一步扩大，基尼系数最高已经超过国际黄色警戒线，达到0.47，在亚洲仅次于菲律宾，并超过了所有的欧洲国家。本书通过对中华人民共和国成立后生产要素流动的研究，分析城乡福利水平差异根源及其相关因素，为缩小城乡差距、实现公平发展、构建和谐社会提供依据。

（2）为构建我国社会主义新农村建设的理论框架提供借鉴。解决新时期"三农"问题必须从城乡统筹的高度，坚持以人为本的思想理念，走可持续发展的道路。必须抛弃城乡二元社会经济结构思路下的二元思维，确立人的自由全面发展为最终目标。

（3）为我国社会主义新农村建设实施提供可依据的理论。我国社会主义新农村建设实施以来全国各地涌现出众多的农村发展典型，冠以"模式"的村庄也逐渐增加，但这些模式之间的联系以及内在的统一规律尚未得到分析和总结。尽管早期的学者对我国农村发展的典型案例进行了分析，但由于缺乏时间上的连续性以及分析角度的多样性，在理论上难以归纳出我国农村发展的规律。因此，在新农村建设的理论指导上进行突破成为当前我国农村发展的关键，不仅事关我国新农村建设的成败，也关系到我国政治经济能否持续稳定的发展。

（4）为新农村建设中政府与农民角色定位和任务分配指出方向。城乡二元社会经济结构下我国社会主义新农村建设必然是以政府为主导，农民为主体的建设过程。其内在要求就是各级政府和农民在农村经济文化建设中如何避免缺位和越位，当前"上面热""下面冷"的情况也说明了我国新农村建设中存在农民缺位的情况，如何界定新农村建设中农民与各级政府的任务与权力以及资金的使用和分配是新农村建设中亟待解决的问题。本书分析了农村集体与个人以及政府多方博弈力量的市场供给优势和劣势，为其角色定位以及如何高效地完成各自任务指出了发展方向。

1.3 中国新农村建设研究文献综述

1. 新农村建设的内容和重点综述

关于新农村建设的内容和重点研究，主要存在以下几种分歧。以林毅夫（2003）为代表的"拉动内需说"认为，如果财政政策能更有力地支持农村生活基础设施投入，通过改进现有与农村生活有关的一些基础设施，比如上水、下水、通电、道路等，持续发展劳动密集型产业以帮助农村劳动力的转移，使转移出来的农民从农产品的供给者变成市场的需求者，就可以真正做到农民增产增收。

以贺雪峰（2006）为代表的"农村福利说"认为，在相当长的一段时期内，农民收入增长速度会慢于国民经济发展速度。现实的选择应当是建设一种"低消费、高福利"的社会主义新农村的生活方式，将村庄建设成为一个文化生产场所来提高村民的福利感受。以温铁军（2005）为代表的"农民合作说"认为，农民只有组织起来才可能有效地去跟其他经济主体进行谈判，建立稳定的契约关系。以陈锡文（2007）为代表的农民增收和农村经济发展观点认为，社会主义新农村建设最重要的是要促进农村的经济发展，特别是农业的发展，在这个基础上才能让农民富裕起来，让农村经济繁荣起来。

2. 新农村建设的途径研究综述

谢扬（2006）认为城镇化战略是解决三农问题的根本出路，在城镇化进程中实现城乡统筹，实现人口、劳动力在城乡经济、社会结构上的转移和调整，实现城乡二元体制结构的改革。温铁军（2006）更加注重生态文明思想在新农村建设中的重要作用，重视人与自然的和谐、生态循环和永续利用。贺雪峰（2006）则想通过"老道理新生"来完成乡村建设，包括当年的合作社、赤脚医生、民办教师和以工农为主角的群众性文艺活动等。另外一些学者认为新农村的建设需要通过制度改革来实现，如李昌平（2007）认为农村的建设需要四大制度突破：土地和金融制度、村庄体制、家庭承包经营制度、财政资源配置体制和方式。

3. 新农村建设优先顺序研究综述

学界和政府官员对新农村建设五个方面的重点内容和优先次序有着不同的理解。归纳起来，主要有以下几类。以温铁军（2006）为代表的学者提出从文化建设入手，提高农民的福利感受。林毅夫（2006）等学者，包括一些地方官员把"村容整洁"放到了优先选择的位置。在新农村建设具体切入点上，很多学者强调首先应该从广大农民最迫切希望改善的生活条件入手，着力加强农村的公共设施建设和公共服务提供（胡恒阳，2005；马晓河，2005；杨华，2006；余惠芬、唐波勇，2006）；有学者将培养新型农民、增加农民收入和加快农村社会发展作为新农村优先建设的领域（姜长云，2006）；陈锡文（2006）认为最迫切最紧要的发展方向是加快教育、卫生、社会保障等事业的发展。还有学者（贺雪峰，2006）认为新农村建设首先应该重建农村的村社权力，从而为保障中国现代化提供一个稳定的农村基础。

值得一提的是国内一些学者（叶敬忠，2006；李小云，2006；左停，2006）从农民角度对新农村建设进行了探讨，对我国社会主义新农村建设进行了描述和分析，让农民的声音从底层表达出来，完善了建设主体以及利益群体的结构分析。

4. 社会主义新农村建设模式研究综述

农业部人民公社管理局（1981）在十一届三中全会后，依据农村居民集体分配收入的高低，对中华人民共和国成立后几十年来发展起来的农社队进行了较详细的介绍。这是关于我国集体经济时代的总的归纳，对我国目前进行的社会主义新农村建设有着重要的借鉴意义。

陆学艺等（1992）在20世纪80年代末，依据社会学中的农村社会经济结构的分层情况，对改革开放后我国13个典型农村社区做了大量详尽的调查分析。同时把农村发展划分为低度分化型社区、中度分化型社区和高度分化型社区，并分别对这三个分化级别进行调查分析，认为改革开放后我国农村主要从六个方面发生了变革：经济结构上，非农产业的发展与产业结构多元化；收入结构上，来源与分配形式多样化；生活质量上，水平不断提高和生存环境改善；家庭功能和类型上，都发生了较大变化；农民观念上，朝着现代化方向发展；人际关系上，相处更加和睦。

进入21世纪，专家学者对我国农村建设的研究更加深入和广泛，尤其是我国社会主义新农村建设提出以后，很多学者开始关注新农村建设的模式探讨。

于战平（2006）将社会主义新农村建设模式分为四大类15个模式，分别为：（1）完善区域公共产品和公共服务的提供，带动新农村建设模式，包括政府直接提供型、政府主导企业参与型、企业和个人直接经营型、集体运作型；（2）内生性产业提升带动新农村建设模式，包括工业化带动型、农业优势产业提升带动型、商贸优势开发型、优势与特色开发型；（3）传统村庄改造带动新农村建设模式，包括区域村庄资源整合型、文明生态村建设型；（4）城乡统筹、协调、互动建设新农村模式，包括以城带乡型、城乡自然互融型、中心城区主动扩散以及农村互补对接型、主动融入城市（都市）型、小城镇建设带动型。

郭晓帆和林芳兰（2006）根据全国的优秀村庄发展特点把新农村建设的模式归结为：科技兴村模式、农业兴村模式、工业兴村模式、商贸兴村模式、旅游兴村模式五种模式。

张利库（2006）基于长期的农村考察提出把新农村建设分为八种模式：工业企业带动型、休闲产业带动型、特色产业带动型、牧养殖带动型、旅游产业带动型、劳务经济带动型、商贾流通带动型、合作组织带动型。

蒋和平等（2007）从各地带动新农村建设的主要动力因素角度，把新农村建设模式分为八种：政府主导型、城市带动型、村企互动型、支部带动型、能人引领型、科技园区带动型、主导产业带动型、高效农业引领型。

朱新方（2008）将不断出现的农村发展模式归纳为五种，并对每种模式的优缺点进行了分析比较，这五种模式分别是：工业型模式、特色产业型模式、旅游服务型、农庄型模式、资助型模式。

一些学者也对地方层面的农村发展模式进行了总结，例如，高珊等（2007）根据资源禀赋与生产力状况对江苏省的农村发展典型进行了归纳，并把农村发展模式归纳为工业带动型、生态农业带动型、城乡统筹带动型、自主创业带动型、龙头企业带动型、合作组织带动型、乡风文明示范型、民主管理示范型八种发展模式。刘刚等（2006）以四川省为例，认为经济欠发达地区可根据其资源、人口、环境现状，并借鉴发达国家现代农业发展的经验，依靠科技进步，建设社会主义新农村。王振（2006）认为大城市郊区的新农村建设所要解决的问题、实现的目标以及推进的模式和政策选择必然与其他地区有所不同，其目标模式应该是现代化的村镇体系、生态化的农业生产、服务化的农村经济、一体化的社会保障和民主化的村民自治。

农业部调研组（2006）调查了全国31个省、自治区、直辖市的175个村，依据资源条件、发展水平、经营模式对典型村庄进行了分类，把新农村建设的模式归纳为五类：主导产业强村、工商企业富村、科技人才兴村、生态家园建村、支部组织带村。

刘自强等（2008）从乡村空间地域系统及职能的多元化角度把新农村建设分为五种发展模式：城郊型乡村、农产品基地型乡村、特色产业型乡村、生态保育型乡村、文化价值型古村落。

1.4 本书研究路线及创新点

本书属于应用型研究领域，具有较强的理论性和现实性。研究转型期的我国社会主义新农村建设时，必须坚持马克思主义哲学的辩证唯物主义和历史唯物主义的基本观点，通过中华人民共和国成立后的历史发展进程、国际国内形势变化来寻找中国农村发展的历史轨迹与影响因素，找到我国新农村建设转型期的定位依据与政策措施。基于上述考虑，本书在研究方法和路径选择上，从历史的角度切入，以实证分析为主，综合运用政治学、经济学、统计学等多学科研究方法，对中华人民共和国成立后我国农村各时期的典型村庄进行定性和定量的研究；通过查阅相关统计年鉴和研究报告，分析了生产要素的流动情况、农村公共物品的提供与农村集体关系、新农村建设评价指标等方面问题。

1. 研究方法

（1）定量分析与定性分析相结合。

结合中华人民共和国成立以来我国农村涌现出的典型村庄，定量分析其产业发展、农民收入结构、生产要素的流动以及农民福利结构等方面，定性分析了我国三个不同时期的农村宏观政策绩效、农村不同发展阶段的农村社会经济结构，构建了我国新农村发展时期的农民福利结构。

（2）博弈论。

通过比较不同经济实力群体，分析了我国农村不同发展阶段新农村建设的实施重点，并对农民外出务工过程中工资水平决定与工会强弱水平进行博弈分析，相应地提出了提高农民工资性收入的具体措施和途径。

（3）实证分析与规范分析相结合。

在对中华人民共和国成立以后农村发展变化的定量与定性分析的基础上，根据需要分别选取了我国新农村建设提出后的农村典型样本村庄进行实证分析，并对我国农村的发展问题进行了考察和验证的规范分析。

2. 研究路线

本书的研究路线如图 1-1 所示。

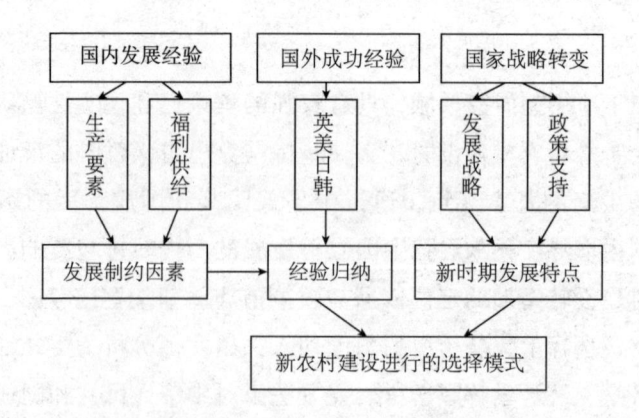

图 1-1 我国社会主义新农村建设研究路线

3. 主要研究内容

通过以往研究，能够看出新农村建设模式的探讨主要集中在两个方面：一方面是基于我国现存的农村经济、社会、文化等方面的矛盾，在逻辑和理论上找到新农村建设的理论模式框架；另一方面则是对现存新农村典型进行归纳总结。这二者还没有形成逻辑上的一致性，因此本书拟从两个方面探讨我国社会主义新农村建设的路径选择：其一，从生产要素的流动以及分配情况入手，对社会主义新农村建设的资金、人力、土地等进行分析，寻找适合我国特点的新农村建设模式；其二，从农民福利水平的角度比较农村发展的三个阶段，并构建我国新农村建设中的农民福利框架。

本书主要包括六个方面的内容：一是对我国新农村建设的内涵、特征、意义以及基本原则和任务进行了分析和考察，阐明了在坚持科学发展观和以人为本的发展理念下我国新农村建设呈现出来的新特征；二是从生产要素和公共物品提供的角度分析和归纳了中华人民共和国成立后到新时期的农村各时期的经济社会结构变化，总结了不同时期的典型农村特征与发展规律；三是对我国农村不同发展阶段的特征进行了划分和理论解释，提出了依据公共物品的提供程度来划分农村发展阶段的理论；四是对国外农村发展经验进行了总结和分析，比较和分析了韩国、日本、美国和英国的农村发展经验，为我国新农村发展提供了可借鉴的经验；五是对我国新农村建设时期农村发展模式进行了构建，并依据农村集体与个人的经济实力划分了农村不同的发展模式；六是对我国新农村建设时期的各种影响因素进行了分析和探讨，认为新农村建设时期农民工工资的改革以及调节经济分配领域内的各利益主体的利益分配是未来一段时间内农村制度改革的重点。

4. 本书的创新点

我国社会主义新农村建设开展以来，学术界的研究从新农村建设的必要性和意义探讨转向新农村实施过程中具体问题的分析研究。而政府决策层除了提供相应的制度供给外，也在不断总结实践过程中出现的经验典型以及由此产生的新问题。社会主义新农村建设不可能有统一的可复制模式,各地域的自然、经济、社会的巨大差异性决定了农村发展模式的多样性。因此,对各地涌现出来的典型案例的总结,既要看到共同点,又要注意它们之间的差异,在比较的过程中剥离具体的特征进行抽象进而找到农村发展过程中的内在规律,便是本书的主要任务。

(1)以生产要素流动和农村福利水平变化为线索。

通过生产要素的流动分析能够清晰地看到在我国农村发展不同时期的生产效率变化以及资金的流向,为我国政府部门决策提供了较好的依据。对农村福利水平变化的考察则进一步阐明了市场化改革后我国农村的变化,尤其是不同的提供主体的供给效率不同所造成的福利损失也不尽相同,为我国农村公共物品供给提供了较好的依据。

(2)选取了农村各个发展时期具有代表性的村庄进行纵向与横向的比较分析。

早期农村发展研究横向比较较多,纵向研究难以解决经济体制转变带来的一系列问题,而农民福利水平和生产要素的流动则可以避免由于经济体制变动带来的研究困难。通过代表性村庄的比较分析,能够得出各个时期村庄的总体特征以及各村庄之间的异同点,进而找到我国农村发展过程的实质——农村生产要素吸纳和累积、福利水平不断增加的过程。

(3)构建了我国新农村建设时期的模式。

根据公共物品提供形式、生产要素流动和地域差异等特点构建了我国新农村发展模式,主要包含了三大类共10种发展模式。这不但解释了早期农村发展的路径,而且预测了我国新农村建设的未来发展走向。

第 2 章

中国新农村建设的内涵、原则与任务

2.1 中国新农村建设的相关概念界定

1. 农村发展模式

模式是抽象出来的逻辑工具或认识工具，是对历史经验中的内在逻辑联系的高度概括。某种意义上说模式类似于 M. 韦伯（M. Weber，1997）所提出的"理想型"，是帮助人们对历史因果链上的各种事件及其意义和关系进行理解的工具。农村社会学中所探讨的发展模式是指"在一定地区、一定历史条件下，具有特色的发展路子""各地农民居住的地域不同，条件有别，所开辟的生财之道必定多种多样，因而形成了农村经济发展的不同模式"（费孝通，1998）。对发展模式的比较和分析，其意义主要在于从经验事实中加深对发展的内在逻辑及规律的认识和理解，以便针对自身的发展条件，探索具有自身特色的发展路径。费孝通在对苏南农村和温州农村的经验考察基础上提出了"模式"这个概念，并从这些地区的农村发展经验中总结出诸如"苏南模式""温州模式""珠江模式"等农村发展模式。从这一定义中，可以看出费孝通总结模式所依据的基本构成要素包括地域、历史与文化传统、发展路径与本地特色。从定义中也能够清晰地看到经验的总结更加侧重于经济结构的变化与演进，是包含历史文化、资源禀赋、发展思路等多因素综合发展的结果。

2. 农民负担

不同的时代农民负担的含义与范畴有着较大的不同，不同的承担对象对负担的感觉也不尽相同。一般而言，当农民在收支差额不足以支付基本生活保障时，强制性支出就成为负担。例如，风调雨顺时期，由于粮食丰产能够满足农民的基本生活保障，赋税问题并不构成农民负担；而当天灾不断的时候，农民赋税就凸显成为农民负担问题。农民负担是指农村居民家庭非自愿支出实物和资金的低回报率或零回报率的一种资本净流出状态。从城乡二元制经济社会结构来看，农民负担包含农民本应当享有的与城市居民同等的福利待遇、收入以及各种社会发展资源而产生的主要由农民承担的经济性、社会性、心理性等多方面后果。

3. 统筹城乡发展与城乡一体化

党的十七大报告指出："要加强农业基础地位，走中国特色农业现代化道路，建立以工促农、以城带乡长效机制，形成城乡经济社会发展一体化新格局。"统筹城乡发展就是要打破城市和农村相互分割的壁垒，逐步实现生产要素合理流动、优化组合，促使生产力在城乡之间合理分布，逐步缩小城乡之间的基本差别，使城乡融合为一体。

社会学界和人类学界从城乡关系的角度出发，认为城乡一体化是指相对发达的城市和相对落后的农村，打破相互分割的壁垒，逐步实现生产要素的合理流动和优化组合，促使生产力在城市和乡村之间合理分布，城乡经济和社会生活紧密结合与协调发展，逐步缩小直至消灭城乡之间的基本差别，从而使城市和乡村融为一体。经济学界则从经济发展规律和生产力合理布局角度出发，认为城乡一体化是现代经济中农业和工业联系日益增强的客观要求，是指统一布局城乡经济，加强城乡之间的经济交流与协作，使城乡生产力优化分工、合理布局、协调发展，以取得最佳的经济效益。有的学者仅讨论城乡工业的协调发展，可称为"城乡工业一体化"。规划学者是从空间的角度对城乡接合部做出统一的规划，即对具有一定内在关联的城乡物质和精神要素进行系统安排。生态、环境学者是从生态环境的角度，认为城乡一体化是对城乡生态环境的有机结合，可以保证自然生态过程畅通有序，促进城乡健康、协调发展。

4. 农民、村民与农村

世界各国对农民、村民和农村的概念没有统一的定义，单纯从文字角度理解的话，农民是指在农业及其相关领域进行工作的人，而村民则是指居住于农村的居民。从历史的演进角度来看，人类发展的过程实质是农业生产发展、城镇逐渐扩张的过程。农民、村民与农村在时间上和空间上，随着经济文化的不断发展呈现出不同的特征，因此对它们进行定义和解释必然呈现出时间和空间的阶段特性。在我国城乡二元结构尚未解体之前，户籍制度以地域特征人为地把城镇和农村居民划分为市民与村民。村民实质包含了以农业生产为主的农民和从事非农领域生产的劳动力两部分。村民在无法获取城市居民的地位之前，家庭内部人员在集体耕地上从事农业生产，剩余劳动力从事非农业生产。随着经济的发展以及城乡二元结构的解体，农民从事行业更加广泛，家庭收入大幅度增加，村民与市民的界限将不存在，农民将成为拥有农业生产职业特征的群体，居住地也将难以划分两类群体。本书依然是按照城乡二元社会经济结构下的农民、村民与农村进行分类研究，农民与村民在内容上具有统一性，而农村不仅有地域特征还包含了我国对城乡不同的福利水平和政策下的社会结构特征。农民是指拥有农村户口和土地的居住于农村的群体，而农村则是与城市相对，主要是指提供农业初级产品、生活和生产条件落后、人均收入较低的区域。

5. 农民福利

《中国农村工作大辞典》中把福利解释为，国家通过国民收入再分配的形式为职工提供多种免费、减费或优惠性的生活用品或劳务，以减少职工的生活负担而形成的各种制度和措施。一般意义上农民福利应当包括在公民的一般福利当中，但是由于我国早期形成的城乡二元经济社会结构从而导致农民福利水平也表现出巨大差异。具体表现为居民在教育、医疗、住房、文化娱乐等方面农村居民与城市居民的消费成本存在较大的差异。

因此，从一定意义上来讲，农民福利的首要目标是国内居民生活福利水平的统一，在生产和生活各方面建立起与城市居民相同的福利保障制度。在此基础之上，农民福利可以定义为，基于农村地域的特殊性，为了维持农业生产，保障农业生产者利益，国家设立的对农民提供相应的各项免费和优惠物品。

2.2 中国新农村建设的特征、内涵

2.2.1 中国新农村建设的认识发展线索

（1）2000年以来，我国主要农产品的供求总量基本平衡而且部分年景相对富余，农业发展不仅受自然环境等约束，而且受市场影响越来越大。党中央及时提出我国农业和农村经济发展进入了一个新阶段，中心任务是进行农业结构的战略性调整。增加农民收入，"跳出农业发展农业"成为一个新的发展用语和思维。

（2）党的十六大提出了全面建设小康社会的奋斗目标，明确提出了统筹城乡经济社会发展的思想，指出建设现代农业，发展农村经济和增加农民收入是全面建设小康社会的重大任务。

（3）十六届三中全会提出统筹城乡发展、统筹区域发展、统筹经济社会发展、统筹人与自然和谐发展、统筹国内发展和对外开放的科学发展观，统筹城乡发展位于"五个统筹"之首。

（4）十六届四中全会是党中央文件第一次使用"三农问题"这个用语，指出解决好"三农问题"事关全面建设小康社会和社会主义现代化建设的全局，是全党工作的重中之重，提出"两个趋向"的重要论断，明确中国现在总体上已经到了以工促农、以城带乡的发展阶段。

（5）十六届五中全会通过的《中共中央关于制定"十一五"规划的建议》提出建设社会主义新农村是我国现代化进程中的重大历史任务，为做好当前和今后一个时期的"三农"工作指明了方向。

（6）2006年中央一号文件《中共中央国务院关于推进社会主义新农村建设的若干意见》以建设社会主义新农村为题，对建设社会主义新农村的意义、内涵和任务做了更为全面和深刻的阐述，我国建设社会主义新农村的总体要求是，按照"生产发展、生活宽裕、乡风文明、村容整洁、管理民主"的要求，协调推进农村经济建设、政治建设、文化建设、社会建设和党的建设。至此，建设社会主义新农村就从中华人民共和国成立初期以来一个缺少明确内涵的一般性工作口号，变成具有崭新和鲜明时代内涵的国家战略。

（7）继十六届五中全会提出建设社会主义新农村的重大历史任务后，党的十八大报告又提出："要努力建设美丽中国，实现中华民族永续发展"，第一次提出了"美丽中国"的全新概念；进而在2013年中央一号文件中，提出了要建设"美丽乡村"的奋斗目标，进一步加强农村生态建设、环境保护和综合整治工作，使得新农村建设更加持续深入。

（8）2016年7月，住房和城乡建设部、国家发改委、财政部联合发布《关于开展特色小镇培育工作的通知》。《通知》决定在全国范围内开展特色小镇培育工作，并明确提出，到2020年，培育1000个左右各具特色、富有活力的休闲旅游、商贸物流、现代制造、教育科技、传统文化、美丽宜居等特色小镇。

2.2.2 中国社会主义新农村不同阶段的内涵

对社会主义新农村的理解需要对我国基本制度与农村发展的历史任务有明确的认识。本书从生产力和生产关系的角度对其内涵进行探讨。根据马克思的经典理论，生产力主要包括劳动工具、劳动对象和生产者三部分。生产关系的主要内容包括生产资料所有制形式、人们在生产中的地位及其相互关系和产品分配方式三项内容。关于三次社会主义新农村提出的内涵具体见表2-1。

表 2-1　　　　　　　　　三次社会主义新农村提出的内涵

考察角度	要 素	第一次	第二次	第三次
生产力	劳动者	建设农村	外出务工	乡贤回村、劳动力返乡
	农村产业	以粮为纲	农业增产、非农增收	非农产业加速
	劳动工具	半机械化	机械化	机械化、智能化
生产关系	生产资料所有制	公有制	公有制为主体	混合所有制改革
	人与人之间关系	平等	允许部分雇佣存在	自由平等
	分配形式	按劳分配	多种分配形式并存	追求公平分配

（1）社会主义新农村的提法由来已久，最早来源于 1956 年一届人大三次会议通过的《高级农业生产合作社示范章程》提出的"建设社会主义新农村"的奋斗目标。这一阶段主要把建设社会主义新农村作为一种动员手段，通过发展农业生产，在树立大寨经验的同时强化意识形态，其目的是要求农业支持工业、农村支持城市（何庚文，2006）。

从生产力角度来看，社会主义制度解放和促进了生产力的发展，生产者不再是受压迫的阶级，劳动者的工作积极性得到极大的提高，劳动工具从简单的手工劳动工具发展到农业机械得到广泛的应用，劳动对象在这一阶段则主要表现为整山治水、开河凿渠等农业基础设施建设。在生产关系上，生产资料公有制形式既不同于资本主义私人占有制也不同于封建主义的集权制度，在国家利益和人民利益上达到了统一。它实质上是以生产资料公有制和按劳分配为基础，消灭了剥削并消除了两极分化。农村以集体经济为基础，摆脱了小农生产的无序性和弱势性，农民成为社会主义建设的主人。新农村建设的目标就是要迅速地改变农村面貌落后、农业生产落后、农民素质低下和农民福利水平低的现状。

（2）改革开放后，1981 年 11 月国务院领导人在《当前的经济形势和今后经济建设的方针》的报告中提出，全党带领和团结亿万农民为建设社会主义新农村而奋斗。1978～2004 年这一时期的新农村建设取得了巨大成就，家庭联产承包责任制解放了农村劳动力，农业科技水平大幅度提高，农民人均纯收入增长近 22 倍，农村居民的恩格尔系数下降了 20.5%。[①] 但

---

① 《中国统计年鉴（2005）》。

这一时期农村的巨大变化主要来源于农业的增收，城乡二元结构仍然没有变化，一些关系长远发展的深层次矛盾依然存在，特别是农村发展的规划问题、机制问题、途径问题、组织保障问题以及农村税费改革后的乡村职能转变问题，都亟待从整体上去研究和解决。

这一阶段生产力得到了极大的发展，农民收入得到大幅度的提高，生产工具得到了更新和改进，农业机械化程度提高。从生产关系来看，我国公有制为主体的社会结构呈现多元化的趋势，劳动者之间的地位和收入差距逐步加大，资本允许获得相应的收益。此阶段的新农村建设中土地集体所有制转变为土地双层经营体制，政策重点倾向于农村生产力的提高和农民收入的提高。农民的福利水平逐步纳入市场化轨道，出现了一系列的社会矛盾。

（3）十六届五中全会所提出的建设社会主义新农村，则是在新的历史背景中，在全新理念指导下的一次农村综合变革的新起点。对社会主义新农村建设内涵的讨论，国内学者从不同层面进行了研究。众多学者对其内涵进行了总结和归纳（贺聪志、李玉勤，2006；刘燕、张荣杰，2007；郭杰忠、黎康，2006；王再文、李刚，2007）。这次社会主义新农村的提出不同于中华人民共和国成立初期为工业化服务的新农村建设，也不同于改革开放初期社会矛盾未显露时期单纯地发展农村经济，尤其是农业。十六届五中全会所提社会主义新农村建设目标是破除限制农村发展的制度性障碍，真正体现以人为本的核心精神，打破长期以来形成的城乡二元结构，构建全国的和谐小康社会。本书认为社会主义新农村建设的内涵是，在工业反哺农业、城市反哺农村的总制度改革前提下，通过制度创新和改革促进生产要素回流农村，打破城乡二元经济社会结构，全面发展农村的经济、文化、政治、生态等方面，实现统筹城乡社会经济发展，最终达到整个国家的政治、经济、文化和生态的和谐发展。

党的十八大"美丽乡村"以及之后"特色小镇"的提出，是对新农村建设内涵的持续丰富和具体落实，其中美丽乡村为新农村建设内涵增加了自然生态、历史人文等要素，而"特色小镇"为新农村建设增加了产业支撑与资源聚集平台，为乡村发展提供了核心驱动力。

2.2.3 中国社会主义新农村建设指导方针的内涵

十六届五中全会对新农村建设提出了"生产发展、生活宽裕、乡风文明、村容整洁、管理民主"的20字指导方针。针对这20字指导方针的内涵和特征，学者们从不同角度给出了不同的解释。这20个字基本涵盖了农村的所有领域，既是指导方针也是发展目标，从不同的角度理解就会产生不同的新农村建设模式。本书从四个角度进行考察，通过比较指导方针内部的逻辑性来阐述当前新农村建设的特征和建设路径特点。

（1）从农村发展的根本动力来看，生产发展必然构成了新农村建设的核心内容；生活宽裕则是新农村建设的终极目标；乡风文明是建立在经济基础之上的文明，是新农村建设的主要内容；村容整洁是新农村建设的应有之意，是新农村建设的重要组成部分；管理民主则是农民基本权益的根本保障。因此从系统学角度来看，生产发展与管理民主两方面内容构成了新农村建设的主要驱动力。

（2）从新农村建设实施内容的难易程度来看，生产发展的概念相对笼统，由于各地经济、文化等差异不可能具有明确的指标；生活宽裕是生产发展的延伸和结果，因此也难以定义和量化指标；乡风文明与物质文明相辅相成，具有一定的独立性，对物质文明也会起到阻碍或者促进作用；村容整洁作为具体明确的内容和指标除了最容易出政绩以外，通过投资也最容易实现，因此，地方上的"新村建设"层出不穷；管理民主构成了国家民主法治重要的一环，是我国农村民主选举以及民主自治的重要内容，也是农村经济社会发展的重要保障，但如果推行城乡二元的民主管理制度，对我国国家的民主进程则是有百害而无一利。从这个角度来看，乡风文明和村容整洁必然构成了地方政府进行我国社会主义新农村建设的最优选择。

（3）从系统理论来看，传统的结构—功能学说认为结构决定功能，由于我国各地情况的复杂性，作为纲领性蓝图具体化的措施不能明确地统一执行，因此除了"管理民主"涉及对农村的民主政治进行改革外，指导方针中无法涉及制度结构的变化。这就要求各地政府和农民进行制度创新，因地制宜地推进"两个反哺"工作，统筹城乡社会经济发展。

（4）从参与新农村建设的对象来看，生产发展本质上仍旧是产品的产出极大增加，生活宽裕则是农民最终要达到的结果，所以农民必然是生产的主体；乡风文明包含城镇之外的地区所特有的风俗，也包含了原有乡村文化的移风易俗，而乡村文化的形成是当地习惯与社会风俗的交叉集合，并非凭空创造出来，因此不仅需要政府的引导和制度规范外，还需要当地居民对乡村文化的挖掘和提倡。农村常住居民责无旁贷的对村容整洁负有责任和义务，但又对村容以及整洁内涵的理解差异较大，现实中因地制宜往往变成依照城镇模式进行建设，因此必须对我国社会主义新农村中的规划和建设给予科学指导。民主管理是村民自治的主要内容和目标。

2.3 新农村建设"两个反哺"的内涵与外延扩展

中华人民共和国成立后我国开始施行工业优先发展战略，在资本极度匮乏又缺乏有效积累的背景下被迫实行了农业支持工业的发展战略，从而形成了城乡二元体制经济（程漱兰，1999）。具体而言，农业支持工业和农村支持城市，其实质是农村各种生产要素接近无偿地输入工业部门从而形成了工业的原始资本积累。从生产要素的流动来看，农村对工业的支持主要表现在三个方面：通过工农产品价格剪刀差、银行邮政储蓄、粮食征购以及后期的农业税等形式吸收农村资金；通过户籍制度等硬性制度约束劳动力的流动、压低劳动力的价格，保障工业化所需的粮食生产；通过国家权力低价征收土地转为非农用地保障工业化低成本快速发展。

改革开放以后，我国城乡二元经济结构的格局并没有得到改善，农村地区的落后已经严重制约了我国经济和社会发展。2006年中央提出了"建设社会主义新农村"的口号，并确立了"工业反哺农业，城市反哺农村"的战略构想，通过反哺的形式统筹城乡发展，缩小城乡之间的差距，稳定社会安定局面，促进国家稳定健康的发展。

2.3.1 "两个反哺"的内涵

"两个反哺"通常是指在工业化初始阶段，农业支持工业、农村支持城市，为工业提供积累，当工业化达到相当程度以后，工业反哺农业，城市反哺农村，实现工业与农业、城市与农村的协调发展。本书认为应当从生产要素的流动方向和结构角度来理解"两个反哺"的内涵。

城市和工业资本回流到农村地区。第一，改革开放以来，我国农业产值在GDP中的比重大幅度下降，从世界其他发达国家的发展经验来看，在反哺时期政府投入了更多的资金保护农业生产和农民生活。第二，金融部门更多地支持农村产业发展，建立我国农业政策性银行。第三，通过税收政策等一系列措施，限制农村资金向城市和工业的过度转移，把更多的资金留在农村。

农民的生活保障以及福利得到实质性改善。一方面，转移出去的农民权益应当受到保护，并享受到与城市居民相同的待遇。另一方面，农村医疗和生活保障体系覆盖更广泛的地区和农民群体，所有农村家庭适龄儿童均能够接受平等的基础教育，劳动力素质将进一步得到提高。

农民分享更多的土地等资源的增值收益。农村工业化不可避免地要征占农村耕地，耕地非农化后的增值收益应当更多的留在农民手中，作为失地补偿以及就业安置等费用，保障农民的基本生活稳定。

2.3.2 "两个反哺"的理论构架与现实约束条件

从系统学角度来看，"两个反哺"实质是城市与农村两个子系统之间通过要素的定向流动，最终形成动态稳定平衡的单一大系统。工业化早期为了发展城市工业，国家通过强制手段实现农村生产要素向城市的流动；当城市子系统能够自生，即工业体系已经健全和完备，再通过城市工业对农村子系统反向输入生产要素，从而引起农村子系统的结构发生质变的过程。

要实现我国社会主义城乡统筹发展，必然涉及到两个子系统之间的结构调整和变化。生产要素的输入数量及其制度安排决定了生产要素的投入效率，同时对于农村子系统而言其内部的结构特性也影响着要素效率的发挥。

1. 制约资金要素流转的关键因素

长期以来，我国国家财政对农村公共服务以及农田基础水利设施的投资比例严重偏低。1952~1985年的33年间，国家基本建设投资的51.2%用于工业，工农业投资比率为6.4∶1。与我国相近似的32个发展中国家在工业化初期工农业投资比率为3.8∶1（牛若峰，1992）。这些项目，例如修桥、补路、自来水管道铺设等工程，由于资金投入大，周期长，正外部性高，个人与企业都不愿意进行投入，而原有村级集体经济的瓦解使得村集体更加缺少资金投入。农村家庭资金需求主要来自生产的扩大再生产以及医疗和教育等生活消费，资金来源一般通过家庭内部积累和村内的互借，其中由于医疗、教育等硬性支出数额相对较高，农民诉诸乡村高利贷往往成为导致农民返贫的重要因素（杨海斌，2004）。

我国国家财政支农资金占财政支出的比例偏低，主要是源于工业化优先发展的赶超思维下形成的路径依赖，另一方面也来源于农业的比较效益低，政府决策部门更倾向于把资金投入到比较效益高的领域（郭蕊，2007）。金融部门由于自身的逐利特性，逐渐全部的商业化运作，资金均流向比较效益高的行业；另外农民借贷资金少、群体分散，导致还贷风险大、交易成本较高，也是农村金融支农效率不高的原因之一（刘洪云等，2007）；又由于房产与土地均不能作抵押，因此个体农民很难在一般金融部门贷款。农村家庭的借贷主要还是来自于亲朋之间的互借，一方面更容易得到小额度资金，另一方面形式也比较灵活，一般只需要口头的协议即可完成。关于乡村资金供求情况见表2-2。

表2-2　　　　　　　　　　我国乡村资金供求情况

资金需求方	主要需求项目	主要资金供给方
农村	村内公益服务和基础设施	政府财政、银行、集体
农民	农业投资、生活支出	银行、家庭、亲朋借贷
农业	基本农田水利设施	政府财政、银行、集体

2. 制约农村劳动力要素发展的关键因素

农村劳动力要素长期面临的三个主要问题是大量的人才流失、创业困难和从事行业层次低。这三个问题造成了农民增收变缓，农村持续凋敝和农业生产落后。由于农业的比较效益低，大量有头脑善经营的农民脱离农业生产，进入到城市或其他非农领域从事生产活动，结果造成滞留在农村的大量剩余劳动力多数是年龄较大或者文化素质较低的人群，进一步加剧了农村经济的衰败。我国农村劳动力的平均文化素质水平偏低，而且缺乏生产技术培训和学习，因此只能从事简单的体力劳动，也就造成了劳动力价格低，农村劳动力难以进入到高薪行业。同时无限供给条件下劳动力要素的价格必然低到边际收益为零的状态，即工资水平等于劳动力再生产所需要的物质条件。在全国统一的基本劳动力生活保障制度尚未建立起来的条件下，劳动力工资水平其实已经低到了基本生活保障之下，因此也就必然出现劳动力要素的自发性流动，出现了由"民工潮"变成"民工荒"的现象。

3. 制约土地流转的因素分析

我国农村土地资源的矛盾主要体现在三个方面。第一，土地的征占过程中农民分享不到土地增值收益，我国政府实际上是土地资源供应的垄断者，政府同时成为土地的需求方和供给方，在流转过程中获得了极大的土地利差，而农民难以享受到增值的收益。第二，土地的转包期过长，使农民失去了土地作为生活保障的基本功能。如果土地转包期缩短，一旦农民在城市中找不到工作还可以回到农村从事农业生产，这样土地作为农民的基本生活保障可以为农民外出打工缓冲风险。第三，土地集体所有制中主体的模糊性与农民土地使用权确定性之间的冲突。一些地区村委会为了招商引资发展项目，不顾农民的意愿代替农民把集体土地承包出去，由于承包期较长，农民失去了土地，也因此失去了基本生活保障，从而引发了村民与村委的矛盾。

2.3.3 "两个反哺"的现实路径选择

现阶段,实施"工业反哺农业,城市反哺农村"的路径主要有以下三个方面,其实施示意见图 2-1。

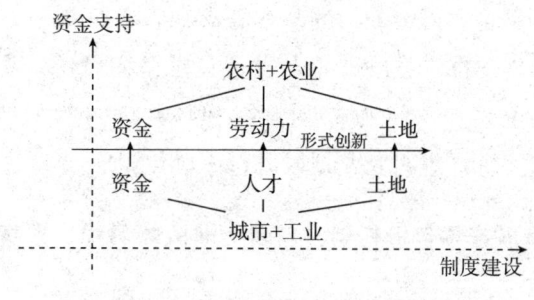

图 2-1 "两个反哺"实施示意

1. 通过制度创新,建立多元化资金投入机制,促进资金要素回流农村

我国已经进入工业化中期,中央政府有能力也有责任增加财政支农力度,提供更多的农村公共物品和服务。财政资金可以先由各村进行项目申报,然后根据各村的项目计划直接发放到村级组织以防止资金的截留。同时设立村级的监督机构,由农民自己来管理资金的使用。在融资渠道上要进行多方筹措,形成多元化的投资机制:鼓励各种民间金融互助合作;改革现有金融系统的服务功能,增加政策性金融机构;创新金融产品,扩大农村抵押物的范围;壮大集体经济,通过集体经济资金建设村庄;鼓励私人投资农村发展项目,提供相关优惠条件。

2. 大力提高劳动者素质,改善农村劳动力福利水平,吸引人才回流,改善农村创业环境

对劳动力的反哺主要体现在三个方面:劳动力素质、劳动力的福利水平、劳动力创业环境,三者相互影响相互制约。(1)我国进入工业化中期阶段以后,需要更多高素质劳动力来支持产业结构升级,因此必须增加教育经费的支出,重点发展职业教育和农民工的培训再就业。(2)提高农村劳动力的福利水平可以通过提高非农收入以及增加公共物品供给两条途径实现：一方面由于我国劳动力结构性过剩从而导致购买力不足，形成结构性产能过剩，因此提高农民非农收入中的工资水平是促进我国经济增长的重要保障；另一方面，农民收入过低直接导致农民抵御风险的能力下降，一旦出现天灾人祸往往负债累累，形成较大的社会安全隐患。因此，政府应提供更多的公共物品和服务，如建立初级的医疗保险、大病保险等医疗卫生保障制度，满足农村劳动力的基本需求和生活保障。（3）农村的发展需要产业作为根本支撑，鼓励产业发展是农村经济和社会发展的关键。政府应当从贷款、税收、经营领域进行政策倾斜，吸引生产要素进入农村，并适度降低外部大资本进入农业领域进行市场化竞争。

3. 坚持家庭联产承包责任制，创新土地流转形式，提高农民土地增值收益

在我国尚未建立起全国统一的劳动力福利保障体制之前，家庭联产承包责任制实际上承担了土地作为农民的基本生活保障功能，起到了稳定农村社会安定的作用。同时，根据土地的多功能性，土地的价值应当包含在多功能性中，应当创新土地流转与价值评估体系，增加土地的资本收益，而不能仅体现在粮食生产或植物载体收益，其生态功能、国家安全功能等多方面的价值需要得以体现。因此政府应尽快修改《中华人民共和国土地管理法》，重新对土地的价值进行评估，以便为土地流转、补偿等行为提供可靠的依据。另外对于非农建设土地的征用，通过公布土地价格、公开土地价格信息、给予农民谈判地位等措施让农民分享到土地增值收益，保障失地农民的权益。

2.4 新农村建设的基本原则与任务

2.4.1 新农村建设的基本原则[①]

新形势下推进农村改革发展，要全面贯彻党的十七大精神，高举中国

---

① 中共十七届三中全会通过的《中共中央关于推进农村改革发展若干重大问题的决定》。

特色社会主义伟大旗帜,以邓小平理论和"三个代表"重要思想为指导,深入贯彻落实科学发展观,把建设社会主义新农村作为战略任务,把走中国特色农业现代化道路作为基本方向,把加快形成城乡经济社会发展一体化新格局作为根本要求,坚持工业反哺农业、城市支持农村和多予少取放活方针,创新体制机制,加强农业基础,增加农民收入,保障农民权益,促进农村和谐,充分调动广大农民的积极性、主动性、创造性,推动农村经济社会又好又快地发展。

根据党的十七大提出的实现全面建设小康社会奋斗目标的新要求和建设"生产发展、生活宽裕、乡风文明、村容整洁、管理民主"的社会主义新农村要求,到2020年,农村改革发展的基本目标是:农村经济体制更加健全,城乡经济社会发展一体化体制机制基本建立;现代农业建设取得显著进展,农业综合生产能力明显提高,国家粮食安全和主要农产品供给得到有效保障;农民人均纯收入比2008年翻一番,消费水平大幅提升,绝对贫困现象基本消除;农村基层组织建设进一步加强,村民自治制度更加完善,农民民主权利得到切实保障;城乡基本公共服务均等化明显推进,农村文化进一步繁荣,农民基本文化权益得到更好落实,农村人人享有接受良好教育的机会,农村基本生活保障、基本医疗卫生制度更加健全,农村社会管理体系进一步完善;资源节约型、环境友好型农业生产体系基本形成,农村人居和生态环境明显改善,可持续发展能力不断增强。

1. 社会主义新农村建设基本原则的确立依据

社会主义新农村建设是一项复杂的长期的系统工程,在市场经济体制下必须充分发挥资源配置的最优效果,在提供社会公平和公正的基础上找到最佳的分配方式和发展模式。因此确立我国社会主义新农村建设的基本原则必须符合效率原则、公平原则、和谐原则、长期性四个方面的内涵。在经济效率原则上,应根据不同区域的特点制定适合本地发展的战略,分阶段、分重点地逐步完成社会主义新农村建设的目标;在保障社会公平和公正上,要克服市场经济运行的缺陷,防止"公地悲剧"发生,约束资本带来的负面效应;在和谐原则上,要统一城乡社会福利,构建全国统一的福利保障体系,保障基本社会公共物品的公平分配;在新农村建设的长期性和艰巨性认识上，新农村建设必然是一项任务艰巨、耗费大量时间和人力物力的浩大工程，必须给予清醒的认识。

2. 社会主义新农村建设的基本原则

（1）科学规划原则。

社会主义新农村建设是一项复杂的系统工程，必须牢固树立和全面落实科学发展观，制定切合本地实际、逐步推进、具有前瞻性的发展规划。从经济学、管理学、社会学等多角度进行思考和规划，实现最优的发展路径。从系统论角度来看科学规划主要指政府主导下的农村规划，包含新农村建设项目在空间和时间上的阶段统筹规划。具体而言，在空间规划层次上主要基于两个方面的考虑：一是不同地理和经济环境区域间采用不同政策倾斜与投资重点，例如，山区和平原、沿海和西部、贫困区和发达区的农村规划必然是不同的；二是同一行政区划内的层级任务分解，由省到村各级的宏观战略规划布局，做到统筹安排协作进行，例如省内五年计划的各级包干与子目标的确立。在时间规划层次上主要包含同一地区与不同地区的不同发展阶段具有不同的规划重点和目标。首先是同一地区在时间上的工作计划可以做到任务的延续和绩效的考核，也能够逐步推进新农村建设进程和检验新农村建设的成果；其次是地区间天然的差异导致的规划阶段和重点的不同。

（2）维护和保障农民权益，保障农村社会稳定原则。

在新农村建设活动中必须时刻以农民为服务对象，尊重农民的意愿，避免新农村建设成为形象工程。应当充分发挥农民的主体作用，鼓励农民参与到新农村的建设和规划中来，避免新农村建设中的浪费和侵害农民利益行为。

（3）农村可持续发展原则。

新农村建设必须坚持可持续发展的原则，包括环境与资源的保护和农民收入持续增长。一方面新农村建设必须保证环境的可持续性，减少污染和浪费，高效、清洁的使用能源实现生态系统和社会经济系统的和谐发展。另一方面新农村建设必须保证农民收入的持续增长，建立全国统一的劳动保障体系，避免农民生活水平随着相关产业的衰退而下降。增强产业的潜在竞争力，促进产业的可持续发展进而保障农民收入的可持续增长。

（4）坚持发展农村生产力原则。

单靠政府的政策倾斜和资金投入不可能完成庞大的农村建设，也难以提供支持农村发展的持久动力。新农村建设必须坚持发展农村生产力，鼓励农村产业发展带动农民增收。只有通过农村相关产业的发展，才能完成农村的资本积累，推动农业劳动力向城市的转移，促进城乡二元社会经济结构的解体。

（5）坚持城乡统筹原则。

城乡统筹作为打破城乡二元结构的战略性策略，为农村发展提供了方向。只有坚持城乡统筹才能缩小城乡差距，提高农民的福利水平，增加国家的内需，从而保障社会主义新农村建设的顺利实施。城乡统筹是社会发展公平与公正的要求，也是保障我国未来稳定健康发展的关键，尤其是在公共物品和服务提供，例如，医疗、教育、养老和住房等方面实施城乡统筹有着重要的战略意义。

2.4.2　新农村建设的基本任务

我国社会主义新农村建设的总体目标是通过制度创新和要素投入打破现有城乡二元结构，在发展农村经济、文化、政治、生态的基础上，统筹城乡经济社会发展，构建我国具有社会主义特色的文明和谐社会。

从系统学的角度来看，我国社会主义新农村建设的任务主要分为农村内部经济建设、农村外部环境建设以及农村外部市场力量约束三部分。对于农村内部发展而言，农业的发展是基础，农民生活水平的提高是目标，农村发展规划和外部支持是保障。外部环境包括了市场交换环境、农民生活环境、政府制度安排等制度性约束条件。农村外部市场力量是指农村外部资本组织形式，如企业、私人机构、各种组织等，这些都对农村发展起到了重要作用。我国社会主义新农村建设的基本任务具体包括以下几个方面。

（1）建设具有中国特色的现代农业，提高农业综合生产能力，是新农村建设的首要任务。

农业生产不仅提供工业所需要的基本原料，还是国家粮食安全和食品安全的重要保证。从历史经验来看，只有用现代物质条件、科学技术、产业体系、经营形式、发展理念和管理方法武装农业，才能使农业在不断加剧的全球市场竞争中生存和强大起来。要用现代物质条件装备农业，用现代科学技术改造农业，用现代产业体系提升农业，用现代经营形式推进农业，用现代发展理念引领农业，用培养新型农民发展农业，提高农业水利化、机械化和信息化水平，提高土地产出率、资源利用率和农业劳动生产率，提高农业效益和竞争力。

（2）坚持家庭联产承包责任制，发挥集体力量，增加福利保障，保障农村社会的稳定。

坚持家庭联产承包责任制是稳定农村社会经济发展的必要条件。城镇化的推进必然加剧工业用地和公共设施占地需求，而土地市场化后的收益对当地政府和集体也有着较大的吸引力。但是土地不仅承载了农产品生产功能，也是农民的基本社会福利保障。进入城市后不能定居下来的农民，在没有稳定收入来源的情况下能够依靠农业获得稳定的社会收益，这说明土地仍然具有稳定农村生产安全和提供基本福利的作用。因此必须坚持基本制度不动摇，严格保护农村耕地制度。

利用社会各种资本发展农村经济和文化，统筹城乡各种生产要素和福利保障。推进城乡基本公共服务均等化，繁荣农村文化，健全农村基本生活保障、基本医疗卫生制度，完善农村社会管理体系；健全农村经济体制，基本建立城乡经济社会发展一体化体制机制。社会主义新农村建设需要耗费大量的人力和物力，资金来源的三个主体分别是国家财政、企业和个人。在市场经济环境下不同的投资主体的投入方向、使用效率、期望收益均有所不同。新农村建设过程中应积极利用和引导各类资金投入到新农村建设中去，明确不同投资主体的投资方向和收益，例如，政府应提高大型公共基础设施的投入资金及其使用效率，尤其是在纯公共物品的供给上应当追求社会收益最大化；采取多种方式引导企业资金投入到准公共物品的供给，增加城乡居民的福利水平；引导和鼓励个人资金进行农村创业行为，并加强农村居民的理财观念。

通过发挥农村基层组织功能，强化集体统筹规划能力，保障资金高效使用与产业发展有序推进。我国财政支农短期内不可能惠及所有村庄，应当利用好目前村委的组织功能，引导生产要素有序高效进入农村生产生活体系，加快产业聚集与经济结构调整，促进农村公共物品和服务的供给，提高常住居民的生产生活质量。

（3）提高农民基本素质，维护农民权益，促进农民收入可持续性增长，增加农民福利。

高素质的劳动力是企业和地方产业发展的基础动力和决定因素，增加国家农村教育投入以及各类企业培训是农民素质提高的必要条件。因此，严格保障农村九年义务教育工作执行，保障农村居民人人享有接受良好教育的机会，提高农村劳动力素质，是我国必须长期坚持的基本国策。

同时，保障农村劳动者权益是维护社会公平和稳定的关键机制，是社会主义新农村建设中的重要一环。农村劳动者权益包括能够享受到与城市居民相同的教育、医疗、保险等基本社会保障，这是城乡统筹与和谐社会的主要发展目标。

（4）培育和改善高效的市场经济运行环境，保障农村经济发展的良好环境。

良好的市场环境和高效的制度供给是市场经济得以繁荣的基础。保护市场竞争，防止不公平竞争，推动地方产业的兴旺是新农村建设的关键。地方政府应当配合新农村建设中农村与农业的需求，完善税收、行业准则和农民工就业等问题的相关法规等制度，为市场经济的稳定运行以及农民利益提供相应保障。

2.5 新农村建设的升级——美丽乡村

伴随着新农村建设的推进，作为其升级版的美丽乡村模式正式登上历史舞台。2007年10月，党的十七大提出"要统筹城乡发展，推进社会主义新农村建设"；2008年浙江吉安县进行"中国美丽乡村"的规划与实践取得了良好的成效，并在全国掀起美丽乡村建设的热潮。2012年党的十八大报告提出："要努力建设美丽中国，实现中华民族永续发展。""美丽中国"概念首次提出,强调新农村建设必须树立尊重自然、顺应自然、保护自然的生态文明理念,明确提出了包括生态文明建设在内的"五位一体"社会主义建设总布局。2013年中央一号文件中,第一次提出了要建设"美丽乡村"的奋斗目标。美丽乡村的提出是深入贯彻落实科学发展观的战略抉择,是在发展理念和发展实践上的重大创新,符合当前的世情国情。

2.5.1 美丽乡村的内涵

不同学者对"美丽乡村"和"美丽乡村建设"涵义界定的视角不同,可以归纳为三个方面:一是立足于自然与社会层面的融合,包括经济层面与文化传承等;二是立足于生产、生活与生态之间的关系,将生产生活进一步细分;三是立足于消除城乡差别,城乡居民的幸福指数统一。可以看出,美丽乡村更多是对新农村建设中精神内核的提升,将文化、文明融入到生产生活中来,对人及生产生活环境更加关注,为农村发展提供和奠定了宽广和长远的战略基础。

美丽乡村突出反映生态文明建设要求,是对新农村建设内涵的补充与提升。美丽乡村不仅具有生态意义上的内容,更加反映了要实现居民生活品质提升的根本发展目标。具体而言,美丽乡村的内涵包括:一是乡村生态环境优美,有独特的生态景观,生产绿色清洁;二是居住环境有特色,科学合理的村落布局,特色鲜明的街巷建筑与居民院落;三是居住生活新风尚,人口规模适中,传承民风民俗,居民素质较高;四是基础设施与公共服务均等化高,出行与生活便利,居民社会保障体系健全且覆盖面高;五是发展可持续,包括健康的产业支撑和稳定的居民增收渠道,打造宜居宜业的乡村。

农业部将美丽乡村建设活动的重点确定为:制定目标体系,组织创建试点,推介创建典型,强化科技支撑,加大农业生态环境保护力度,推动农村可再生能源发展,大力发展健康向上的农村文化。可以看出,美丽乡村必须要有明确的发展规划,更加注重科技对生产的支撑作用,并在生产、生活、生态的基础上融合积极向上的传统文化。

2.5.2 美丽乡村中的特色小镇①

2016 年以来，浙江、贵州被视为特色小镇发展典型地区，在中央的肯定与推广下，各地特色小镇迅速推广，多地开花。在浙江，特色小镇不是行政区划单元上的"镇"，也不同于产业园区、风景区的"区"，而是按照创新、协调、绿色、开放、共享发展理念，结合自身特质，找准产业定位，科学进行规划，挖掘产业特色、人文底蕴和生态禀赋，形成"产、城、人、文"四位一体有机结合的重要功能平台。特色小镇的规划空间要集中连片，规划面积控制在 3 平方公里左右，建设面积控制在 1 平方公里左右，建设面积不能超出规划面积的 50%。

从政策推进来看，全国特色小镇的逐步落实和推进成为美丽乡村建设的重要抓手。2016 年 2 月，《关于深入推进新型城镇化建设的若干意见》提出，加快特色镇发展，发展具有特色优势的休闲旅游、商贸物流、信息产业、先进制造、民俗文化传承、科技教育等魅力小镇。2016 年 3 月，《国民经济和社会发展第十三个五年规划纲要》提出，加快发展中小城市和特色镇，因地制宜发展特色鲜明、产城融合、充满魅力的小城镇。2016 年 7 月，《住房城乡建设部、国家发展改革委、财政部关于开展特色小镇培育工作的通知》提出，到 2020 年，培育 1000 个左右各具特色、富有活力的休闲旅游、商贸物流、现代制造、教育科技、传统文化、美丽宜居等特色小镇，约占全国建制镇的 5%。2016 年 8 月，《关于做好 2016 年特色小镇推荐工作的通知》要求全国 32 个省市区推荐上报特色小镇。

2.6 本章小结

本章主要论述了我国社会主义新农村建设的内涵、基本原则和任务。

---

① 盱眙政府网. 全方位解读中国特色小镇建设 [EB/OL]. 政府采购信息网，2016-11-02.

新农村建设的任务从破解城乡二元体制结构性矛盾转向以构建和谐有序的城乡发展为重心，其核心内涵不断与时俱进，宜居宜业的农村发展特征越发突出。新农村建设必然是一项长期的任务，应当做好长期规划，始终把以人为本作为根本的着眼点，最终彻底解决长久以来困扰我国经济持续发展和社会稳定的"三农"问题。因此我国社会主义新农村建设的基本任务主要集中在四个方面：第一是通过科技与资金投入，增加农业综合生产能力，增加农民的农业收入；第二是发挥集体力量，通过建立统一的城乡社会保障体系，减轻农民的各项负担，增加农村公共物品的供给，保障农民的合法权益，保障农村社会的稳定；第三是提高农民基本素质，维护农民权益，促进农民收入可持续性增长，加速农村劳动力的转移，增加农民福利；第四是培育和改善高效的市场经济运行环境，保障农村经济发展的良好环境。

值得注意的是，农村集体经济的培育和发展对我国新农村建设仍然起着不可忽视的重要作用。由于政府财政的支付能力有限，不可能有大规模资金投入到所有的村庄，因此在现阶段通过集体和政府共同完成新农村建设任务更加现实。同时村集体作为政府资金的接受主体更加有利于农村资金的有效使用，通过村集体服务和组织功能促进农民参与到新农村建设中来。

第3章

中国农村发展模式的阶段特征分析

3.1 以粮为纲目标下的农村发展阶段（1949~1978年）

3.1.1 农村发展的国内外时代背景

我国农村经历了多年的战争摧残，生产力被严重破坏，工农业发展陷入崩溃的边缘，农村亟须恢复生产来快速改变贫困落后的面貌。从国家战略层面来看，国家工业化是我国发展的必然选择，但是中华人民共和国成立时我国的工业化几乎一片空白，工业化发展缺乏原始资本积累。在这种情况下，当时我国选择了农业支持工业的高积累率发展道路。

一般意义上认为工业对农业的剥夺从农业税征收开始，同时户籍管理制度也从这一年开始更加的严格，城乡二元的格局逐步形成。根据国际经验，发达国家的发展都是在农业发展到一定程度开始的工业化，鉴于发达国家强大的军事力量以及近百年来的屈辱历史，中国不可能像西方发达国家一样通过对外掠夺和侵略完成最初的原始资本积累，同时也没有强大的外部援助，因此，中国不得不采取赶超型的工业化优先发展模式，通过"剪刀差"等手段完成工业化的资本积累。从1953年到1956年底，我国对农民的土地私有制进行改造，实行集体经济，进行农业合作化。1956年一届人大三次会议通过的《高级农业生产合作社示范章程》提出了"建设社会主义新农村"的奋斗目标。这一阶段主要把建设社会主义新农村作为一种动员手段，通过发展农业生产促进农村繁荣以及通过提取农业剩余来积累工业发展的原始资本。1958年6月全国人大常委会通过的《中华人民共和国农业税条例》，统一了全国农业税收制度。为了完成国家工业化和农业技术改造所需要的大量资金，其中有一个相当大的部分是要从农业方面积累起来的。这除了直接的农业税以外，就是发展为农民所需要的大量生活资料的轻工业的生产，以这些产品同农民的商品粮食和轻工业原料相交换，既满足了农民和国家两方面的物资需要，又为国家积累了资金。而轻工业的大规模发展不但需要重工业的发展，也需要农业的发展。因为大规模的轻工业发展，不是在小农经济的基础上所能实现的，它依赖于大规模的农业发展，而在我国就是社会主义的合作化农业。因为只有这种农业，才能够使农民有较强的购买力。

3.1.2 中央政府对农村发展的支持

1965年以后，针对农业基础设施落后以及民国时期常年灾害的教训，国家对兴修水利、农田基本建设、发展农村电力、推广农业机械化等方面投入越来越大。至20世纪70年代后期基本上完成了包括海河治理、淮河治理、黄河治理、辽河治理等在内的许多大江大河的治理工程。这不仅消除了水患灾害，而且建立了许多具有综合利用功能的水利枢纽工程，产生了兴利除弊的巨大效益。

截至1977年，十年内全国农村共修建了56000座中小型电站，农村80%以上的公社和50%以上的生产大队都通了电，机电排灌动力达到6500万马力，有2万多眼机井，灌溉面积达到7亿多亩，农业人口达到每人有一亩稳产高产田。与1965年相比全国农田灌溉面积增长了51%，农业用电增长了470%，机井数增长了935.89%，机电排灌面积增长了355.58%，水电站总装机容量增长了643%。全国拖拉机有56万台，产量比1965年增长了5.7倍；手扶拖拉机140万台，增长了65倍（水利电力部，1987）。

到1978年，中国的国民生产总值达3624亿元，这比1965年的1716亿元翻了一番还多，年均增长率达6.8%。主要产品的产量更是大幅度增长，超过历史最高水平。例如，钢产量达3178万吨，原油产量达10400万吨，原煤产量达61800万吨，粮食产量达30475万吨，它们分别是1965年的 2.6 倍、9.2 倍、3.09 倍、1.6 倍。[①]

农业投资从第一个五年计划中占总投资的 7.3% 提高到 1978 年（第五个五年计划）的 11.4%；国家的农业收入中返还农业投资的比例从第一个五年计划期间的 49% 增加到第二个五年计划期间的 56%，到第四个五年计划、第五个五年计划期间已达到 164%（Ching Pao-yu，1988）。

针对我国的教育文化和卫生落后的情况，中华人民共和国成立以来分别在 1950 年、1955 年、1958 年和 1960 年进行了四次扫盲，减少了 1 亿文盲。1965 年毛泽东对卫生部做出指示，强调卫生工作的重点应当是农村，尤其是农村常见病的预防和治疗更加迫切，而不是把资金集中在尖端的疑难杂症上，由此农村医疗卫生获得快速发展。到 1978 年我国医院、卫生院有 64309 家，医生 103.3 万人，床位数 184.7 万张。

3.1.3 农村生产要素特征分析

中华人民共和国成立后，我国实行计划经济体制，为保障国家工业化的顺利进行，生产要素不是按照市场原则进行自由流动，而是按照国家计划进行分配，土地、资金、劳动力在村社内部只能根据生产的需要进行分配安排，市场自动调节功能失效。中华人民共和国成立初期，我国面临着国际国内多重现实困难，基于工业化的急迫性，生产要素在全国范围内有计划流动，对我国经济快速恢复与发展具有更多积极作用，为中国快速进入工业化与现代化奠定了制度基础。

（1）工业体系尚未建立，难以形成有效的交换，生产要素缺乏流动的基础。

中华人民共和国成立后，我们面临恶劣的国际环境以及一穷二白的国内生产条件，中国要走上强国之路就必须进行国家的工业化。而我国是一个农业大国，工业基础薄弱，没有足够的资金积累来加快工业化的进程，因此选择了人为扩大工农业产品比价来积累工业化所需资金的政策。民国时期梁漱溟（1937）进行的乡村实验本质上是通过发展农业促进国家工业

[①] 《中国统计年鉴（1994）》。

化，但国际和国内的条件并不允许中国在和平的环境中进行从农业国向工业国的转变，故常规路径难以推行实现。

（2）高度计划经济与生产要素的高效率聚集与使用。

中华人民共和国成立后，我国迫切需要恢复农业生产，解决全国人民的温饱问题以及为工业化积累原始资本，因此，大力发展农业就成为国家的重中之重。程漱兰（1999）认为农业的合作化是有一定的历史背景和必要性的。因此整治土地、增加粮食产量、提高农业生产效率是农业发展的重要任务。以上海市青浦县林家草大队为例，地势低洼，河港交错，土地被分割成零零碎碎的54块圩田，1970年前村里制定了"重新安排河田"的治水改土规划，从1971年开始连续干了八九个冬春，完成了大小水利工程45项，挖土74万方，实现河网化，开了5条新河，填了15条老河浜，建立了6座电灌站，原54块圩田改造成1380亩高产稳产的"三纲田"。

（3）巨大的劳动力资源的高效利用，快速优化农村生产条件。

通过非货币化报酬、零报酬以及行政调拨等方式，大量的劳动者为我国农村水土治理工程项目做出了巨大贡献。如果这些项目放到20世纪80年代以后，那么随着我国劳动力价格的逐渐提高，其修建的成本将成倍增加以至于难以完成。农业生产中大量的剩余劳动力通过水土整治、自然改良等大型基础农田水利设施建设，一方面解决了就业问题，保障了农民基本的生产生活；另一方面，通过制度安排低成本完成了生产环境的极大改善，为改革开放后我国农业生产的快速发展奠定了坚实基础。

（4）发展集体经济积累农村发展资本，弥补了个人资金短缺的制度缺陷。

尽管我国农业有了显著发展，但随后的"大跃进"和"人民公社化"运动给我国农业生产造成了巨大损失，使我国农业在20世纪50年代末60年代初遭受重大挫折。农业亟须恢复和发展，国家却不可能为农业提供更多支援，农业只能依靠自身力量快速发展。在此背景下，依靠集体力量、自力更生、艰苦奋斗，改变农业落后面貌的大寨成了我国农业战线的榜样，一场学习大寨精神发展农业生产，推动我国社会主义农业向前发展的"农业学大寨"运动在全国轰轰烈烈地开展起来。通过农业劳动力对生产力的再提升，加快农村资本积累，改善农村生活条件。

(5) 依托群众监督和自我约束监督,实现生产要素合理分配和流转。

领导干部作为村集体的带头人拥有资源的分配权力,虽然在集体经济下贪污受贿的成本很高,但由于掌握着资源的分配权力,因此,国家通过"四清"等运动来监督生产队长、公社等管理部门的领导人,制约他们的腐败行为。此外,加强集体思想宣传和教育,实行社员之间相互监督的机制。通过宣传先进典型,鼓励地方政府领导努力严格自律,事事走在社员的前面,依靠个人奉献和个人魅力管理集体经济。

3.1.4 全国19个典型村庄发展模式分析

根据相关文献梳理,中华人民共和国成立之后至改革开放前这一时期,我国农村发展模式的主要特征可通过全国19个典型村庄发展模式来体现(见表3-1)。

表3-1   1979年我国农村发展优秀社队基本情况

典型村庄	户数(户)	人口(人)	人均耕地(亩/人)	集体分配收入(元/人)	分化指数	经济结构	生产要素使用	关键特点
黑龙江省爱辉县罕达汽大队	73	302	73.00	722	1.19	粮食为主、多种经营	土地、劳动力	农业机械化
江苏省江阴县华西大队	—	1095	0.83	430	0.80	稳定粮食生产、多种经营	土地、劳动力	经营范围广
河南省新乡县刘庄大队	207	1200	1.58	380	0.67	稳定粮食生产、多种经营	土地、劳动力	办农机厂
山西省左云县张家坟大队	54	235	4.68	510	0.92	煤炭经营、家庭养殖	土地、劳动力	农工副综合发展
上海市新龙县新龙大队	325	1102	1.17	415	0.26	稳定粮食生产、多种经营	土地、劳动力	劳务输出、队办企业
黑龙江省甘南县兴十四大队	134	739	12.00	311	0.98	稳定粮食生产、多种经营	土地、劳动力	农业机械化、队办企业
湖北省监利县荆红大队	327	1738	2.83	305	0.89	提高粮食生产、多种经营	土地、劳动力	农业机械化
黑龙江省克山县黎明大队	—	1514	6.20	300	0.55	稳定和提高粮食生产	土地、劳动力	农业机械化

续表

典型村庄	户数（户）	人口（人）	人均耕地（亩/人）	集体分配收入（元/人）	分化指数	经济结构	生产要素使用	关键特点
浙江嘉兴县新联大队	189	726	2.20	331	0.89	粮食生产为主	土地、劳动力	经济核算
上海市青浦县林家草大队	217	800	1.72	399	0.73	粮食生产为主	土地、劳动力	农业基本建设
浙江省安吉县东坞大队	140	548	17.20	306	0.71	以林为主、多种经营	土地、劳动力	改善交通
广东省乐昌县大长滩大队	126	764	55.40	360	1.21	以林为主	山地、劳动力	合理砍林
青海省晏海县莫湘滩大队	69	339	678.46	438	1.41	草场养殖	土地、劳动力	畜牧业
浙江省奉化县桐照渔业大队	1041	4314	—	331	0.55	渔工副一起抓	水面、劳动力	渔业捕捞
山东省青岛市竹岔岛大队	120	548	0.40	300	0.80	以渔为主、以渔促农	水面、劳动力	捕养并举
浙江省象山县蒙顶山大队	12	39	4.36	420	1.41	以茶为主	土地、劳动力	科学种茶
吉林省长春市奋进大队	451	1160	1.66	521	0.27	种菜为主	土地、劳动力	多种经营
浙江省杭州市花园岗大队	340	1488	1.12	390	0.83	花木经营	土地、劳动力	花木产业经营
陕西省礼泉县袁家大队	45	203	1.97	305	0.58	多种经营	土地、劳动力	农田基建

根据1980年农业部对29个省（区、市）农村情况进行的初步统计数据可知，在全国698000多个生产大队中，人均集体分配收入超过300元的有1622个，这些大队有57.7%分布在城市郊区，26.1%在农区，8.5%在牧区，5.8%在渔区，1%在林区。

从表3-1可以看出，由于我国大部分产粮地区实行了机械化生产，农村已经出现剩余劳动力，尤其是人均耕地面积少的地区通过集体的统筹安排农业劳动力大部分被解放出来,在村庄内部实行多种经营,增加集体分配收入。通过对各个村庄的产业特点进行统计我们可以看出,粮食生产依然是农村中重要的产业基础,占总数的26.32%,但近50%的村庄已经冲破"以粮为纲"的束缚因地制宜地进行专业经营,实现了经济上的富足(见表3-2)。

表3-2　　　　　　　　样本村主要产业分布情况

项目	粮食为主	多种经营	煤炭	林业	草场	渔业	茶	菜	花木
数量(个)	5	5	1	2	1	2	1	1	1
所占比例(%)	26.32	26.32	5.26	10.53	5.26	10.53	5.26	5.26	5.26

经过了几十年的艰苦奋斗,农村的生产及生活环境得到了极大的改善。从村庄发展的基础条件来看,我国大部分村庄均进行过土地的治理和改良以及山林地的整治,对于山林地区以及渔业区也都进行了开山、修码头等改善生产条件的活动。从生产要素的使用来看,首先,通过劳动力低成本或无偿地投入到农村基础设施建设和集体副业的生产和服务上,为我国以后的农业生产打下了坚实的基础;其次,通过户籍制度将劳动力要素限制在农村内部,强制生产要素自我发展,农业生产能力不断提高;最后,通过多种经营消化内部剩余劳动力,以部分市场化手段优化产业结构,奠定了农村发展的原始资本积累。

农村公共物品主要集中在农业基础设施建设上,通过改造农田水利设施、村内道路硬化、整治山河等公共设施增加了农村居民的基础福利水平,但教育、医疗、住房、娱乐等生活性福利仍没有明显的重视和改善。样本村公共物品方面提供情况见表3-3。集体积累除用于生产性再投入以外,大部分以集体福利的形式成为村庄的集体资产。例如,山东青岛市竹岔岛大队发动全大队120户村民,经历20多天奋战,搬动2000方石头,建成了一座码头,基本解决了机船停港的问题。1965~1979年,共向国家交售水产品1300多万斤,公共积累达到100多万元,人均1800多元,社员集体分配收入平均每人由1965年的73元增加到300元。从1978年开始建新村,到1979年底入住新房的有42户。大队还对社员实行了免费上学、医疗、磨面、照明等福利措施。

表 3-3　　　　　样本村公共物品方面提供情况

典型村庄	公共物品投入
黑龙江省爱辉县罕达汽大队	开荒3900亩
江苏省江阴县华西大队	—
河南省新乡县刘庄大队	机井8眼、硬化渠道47条、750块田改为4块
山西省左云县张家坟大队	—
上海市上海县新龙大队	农田格子化
黑龙江省甘南县兴十四大队	打井135眼、地下电缆25千米
湖北省监利县荆红大队	排灌设备、田间道路2万米、35块方格田、铲除1800个土墩
黑龙江省克山县黎明大队	—
浙江嘉兴县新联大队	地下水渠900米
上海市青浦县林家草大队	挖土74万立方米、水利工程45项、持续8年
浙江省安吉县东坞大队	公路4公里、用工3万人（山林）
广东省乐昌县大长滩大队	山林
青海省晏海县莫湘滩大队	建草库、蓄水池、铺地下管道、羊棚13个、明渠1千米
浙江省奉化县桐照渔业大队	
山东省青岛市竹岔岛大队	蓄水池、整地、修码头、免费磨面、照明、上学、医疗
浙江省象山县蒙顶山大队	开山林种茶
吉林省长春市奋进大队	12条堑壕、清理地基、24条排水沟、12个蓄水池、8眼机井
浙江省杭州市花园岗大队	
陕西省礼泉县袁家大队	移动土石24万立方米、改田106块为54块，5眼机井

3.1.5　农村发展典型个案分析

白螺公社荆红大队作为新农村建设的典型，20世纪60年代人均分配水平一直在70～90元之间徘徊。进入70年代后，通过农业机械化以及多种经营，充分发挥当地的丰富资源优势，生产结构发生了重大变化，集体和社员很快富裕起来。截至1979年，大队总收入达到117万元，累计固定资产达 221 万元,平均每个劳动者收入 3800 多元,流动资金 20 多万元,社员人均集体分配收入 305 元,每个劳动者分配 930 元,月均收入 70 多元,全队有一半以上的农户住进了新村(见表 3-4)。

表 3-4　　1979 年湖北省监利县白螺公社荆红大队基本情况

项目	人口(人)	户数(户)	劳动力(人)	耕地数(亩)	其中旱地(亩)	主要作物
基本情况	1738	327	569	4912	2900	高粱

白螺公社荆红大队的主要经验做法是:

(1)大力发展农业基本建设,通过农业机械化提升生产效率。1974 年大队用集体资金买回两台手扶拖拉机,同时从这一年起,他们组织力量综合治理水、田、路,解决田块小、地不平、路难行问题。经过几年的努力,共铲平 1800 多个土墩,修筑田间道路 2 万多米,把耕地分成棉花、油料、水稻三大区域,把堤内 1000 多块小水田建成了 15 块方格田,做到了田成片,路成线,机车四通发达,机械作业项目不断扩大,利用率不断提高。

(2)因地制宜,进行适合本地特点的机械化建设。白螺公社荆红大队生产地区过去易旱易涝,每年排灌用工量占总用工量的一半,于是他们抓住这个费工最多的项目集中力量发展排灌机械;1977 年他们积极筹措资金购买了"东方红-75"大型拖拉机,配套犁、耙、推土铲等机具,这对农业生产起到积极作用。

(3)发展副业,增加生财门路。机械化腾出来的人力,除了进行精耕细作外,大部分用于发展工副业。1970 年前大队只有 1 个榨油坊,一年收入不到 2 万元,到 1979 年全队已有 16 家企业,从业人员达到 204 人,占劳动总人数的 36%,工副业的收入达 33 万元,占总收入的 28.2%。

3.2 市场化农村发展阶段(1979~2005 年)

到 21 世纪中叶,我国既定的现代化建设奋斗目标是基本实现现代化,因此,需要根据实际情况分阶段地制定短期目标。从温饱到小康再到全面小康的逐步推进过程决定了我国的小康概念以及社会、经济、政治等发展任务的阶段性特征。因此考察小康指标的演变对于市场化阶段农村发展典型的特点分析具有重要的意义。

3.2.1 农村发展与小康社会指标体系的内涵演进

1. 小康概念的提出与发展

小康的概念从开始提出到现阶段其内涵和范围不断扩展，不仅反映出我国经济生活水平的提高，也体现了我国社会发展思想的不断前进。总体看来，小康的概念经历了三个阶段的发展。

第一阶段为小康概念的提出时期。邓小平在1979年会见日本大使时首次提出小康的概念来描述中国的现代化，之后又补充为："所谓小康，就是到本世纪末，国民生产总值人均800美元。"[①] 1982年9月党的十二大把小康作为主要奋斗目标以及我国国民经济和社会发展的阶段性标志。1987年10月党的十三大正式将实现小康列为"三步走"发展战略的第二步目标。

第二阶段为小康的内涵扩展期。1990年12月党的十三届七中全会审议并通过的《中共中央关于制定国民经济和社会发展十年规划和"八五"计划的建议》对小康的内涵作了详细的描述："所谓小康水平，是指在温饱的基础上，生活质量进一步提高，达到丰衣足食。"

第三阶段为全面建设时期。2000年10月党的十五届五中全会提出，从新世纪开始，我国进入了全面建设小康社会，加快推进社会主义现代化的新的发展阶段。2002年11月8日，江泽民同志在党的十六大报告中，进一步明确了今后20年全面建设小康社会的任务。

2. 小康社会指标变化与我国农村发展思路比较

关于小康的概念以及内涵，很多学者进行过考证和研究，主要存在以下两种观点。一是将小康作为一种生活方式、生活质量概念，包含了物质生活质量、生活环境状况、社会环境状况三个层次（刘海庆，2003）。二

---

① 邓小平文选（第3卷）[M]. 北京：人民出版社，1993：63.

是将小康社会作为一种经济社会的阶段目标概念。根据党的十六大报告的精神，小康社会及全面建设小康社会主要是一种经济社会发展战略目标。报告指出，"全面建设小康社会"是中国特色社会主义经济、政治、文化全面发展的目标，是与加快推进现代化相统一的目标，符合我国国情和现代化建设的实际，符合人民的愿望，意义十分重大。把握小康的概念要理解这一概念提出的时代背景，也就是要理解在我国人民生活水平已经基本达到小康的条件下，"全面建设小康社会"的提出作为我国经济社会发展奋斗目标的原因（李君如，2002）。

关于小康社会的指标体系主要研究为：曹玉书在借鉴国际现代化指标的基础上，于2002年提出10个指标，其特点是减少了量化指标，加入了信息社会以及犯罪率的指标。贺铿（2003）精细构造了包含经济发展、文教卫生、社会发展三个方面的26个指标，但体系庞杂统计工作较难，同时系统间存在重叠问题。刘福垣（2003）则强调社会保障的覆盖面的不可缺少，缺乏系统的衡量标准，同时也不能全面反映社会发展的阶段性。中国社会科学院课题组（2003）提出28个指标，建立了包括社会结构、经济与科教发展、人口素质、生活质量、环保、法制等方面的指标体系，在内容设计上侧重社会发展方面。党的十六大之后，全国很多省份也开展了小康社会的规划研究活动，提出了各式各样的指标体系，但是目前在各地的实践中，主要采用的是1991年国家统计局与计划、财政、卫生、教育等12个部门的研究人员组成的课题组，按照党中央、国务院提出的小康社会的内涵确定的16个基本监测指标和小康临界值。国家发展和改革委员会宏观经济研究院课题组（2005）编写的《全面建设小康社会的目标与任务》一文，在英格尔斯现代化的10个指标之上增加了社会就业指数、基尼系数、社会保障覆盖率、国家信息化综合指数和国家资源环境安全系数5个指标。本书认为其设定的小康社会指标充分考虑了小康社会的科学内涵和时代特征，能够反映现阶段专家学者对未来我国小康社会的预期，因此能够从战略上考察不同阶段我国农村发展的着重点。本书从收入结构与变化、社会公平度、公共物品与服务的提供三个角度进行归纳，主要基于以下的考虑：

（1）社会经济发展高速和稳定的双重目标决定了必须对公平强烈关

(2) 农民收入的增加是农村发展的物质基础，不同的阶段收入来源存在不同特征；

(3) 社会公共物品和服务作为生活水平的特征指标表征了社会的福利水平，应当包含人民生活保障在内的各项指标。

因此，从三个体系进行对比能够发现不同阶段农村发展目标的演变，以及政策干预等多项指标的变化，对于理解市场化阶段农村发展典型的特征具有良好的效果（见图3-1）。

1991年
① 人均GDP
② 城镇人均可支配收入
③ 农民人均纯收入
④ 城镇住房人均使用面积
⑤ 农村钢木结构住房人均使用面积
⑥ 人均蛋白质日摄入量
⑦ 恩格尔系数
⑧ 成人识字率
⑨ 人均预期寿命
⑩ 婴儿死亡率
⑪ 城市每人拥有道路面积
⑫ 农村通公路行政村比重
⑬ 教育娱乐支出比重
⑭ 电视机普及率
⑮ 森林覆盖率
⑯ 农村初级卫生保健基本合格县

2005年
① 人均GDP
② 农业增加值比重
③ 服务业增加值比重
④ 非农就业比重
⑤ 人口城市化率
⑥ 基尼系数
⑦ 人口自然增长率
⑧ 社会就业年增加数
⑨ 成人识字率
⑩ 大学普及率
⑪ 每千人拥有的医生数
⑫ 平均预期寿命
⑬ 社会保障覆盖率
⑭ 国家信息化指数
⑮ 国家资源环境安全系数

中心节点：收入结构与变化、社会公平、公共物品和服务

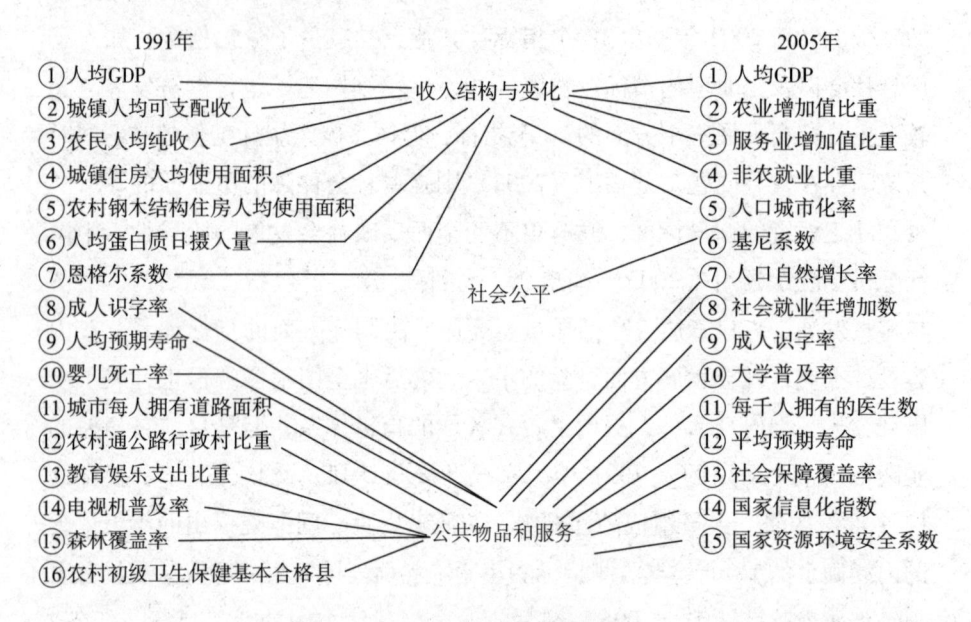

图 3-1　不同年份小康指标差异比较

从图3-1我们可以看出三个子系统的变化，从收入结构与变化来看，1991年的指标体系主要关注农户收入多少、住房面积、营养水平三个方面，而2005年的小康指标体系更加注重产业发展、城乡协调水平、就业情况。营养水平体现了对温饱的考察，与农民收入水平存在一定的相关性，因此在新的小康指标体系中农民收入的变化被分解为就业、城市化率、农业产值。变量的变化体现了农村小康建设的思路转向全面增加农民收入，尤其是非农收入。值得注意的是基尼系数的引入体现了社会公平得到重

视，完全不同于1991年的小康建设指标思路，更加符合和谐社会的要求，以及实现城乡统筹的总体战略部署。在公共物品投入和服务方面，1991年的小康建设指标主要包含农民的生活质量、精神文化生活、基础设施水平三个方面，而2005年的小康社会建设指标用社会保障覆盖率、每千人拥有的医生数替代了原有的农村初级卫生保健基本合格县，增加国家信息化指数表示农村的信息化程度，用国家资源环境安全系数代替单纯的森林覆盖率，说明了对小康社会建设指标中的资源问题更加的注重，更加注意农村市场信息建设。

小康的标准是对我国所有区域经济发展程度的一种度量，是在城乡二元结构下评判农村发展成果的最基本指标。通过小康标准比较，可以看出新的小康标准更加重视社会公平和城镇化推进，增加的社会保障覆盖率指标突出了农村社会保障体系建设。我国农村生产要素中资本极端缺乏，劳动力相对过剩，而金融又受到抑制，农村发展的资金毫无疑问来自企业和个人。因此，20世纪农村发展较好的村庄只有利用好私有资金才能完成农村建设和持续发展的双重任务。

3.2.2 市场化阶段农村发展的特点

1. 产业群稳定发展是农民收入持续增长的根本保障

随着教育、医疗、住房等领域进入市场化改革之后，国家对农村公共物品和服务的提供进行了市场化运作，农村发展的总体思路转变为千方百计增加农民收入，即通过农民收入的增加来满足日益增长的公共物品和服务需求。因此在农村发展典型模式总结上存在着一种倾向，即用农民收入的多少来衡量村庄的发展程度。

农民收入持续增长与当地相关产业发展息息相关，与产业市场波动呈现正相关关系，产业兴则农民收入增加迅速，产业衰则农民收入增加迟缓。例如，种植某种蔬菜的专业村几年后由于病虫害、市场变化造成产业优势消失，农民收入增长开始迟缓。保持产业发展壮大仍需增加科技投入，提升产品质量，优化农村组织结构，持续推进产业升级，从而保持持久的市场竞争力。

改革开放以来,我国涌现出众多的农村发展优秀典型村庄,且大多能解决发展所需资金问题,以产业带动农村的经济发展,改变了原有村落的社会、人文及经济结构,这也为后来特色小镇的提出提供了产业发展基础。根据传统产业的划分,可以将典型样本分为第一产业带动型、第二产业带动型以及第三产业带动型(见表3-5)。

表3-5 市场化阶段农村发展类型

项目	第一产业	第二产业	第三产业
产业类型	畜牧养殖、现代农业	工业、特色产业、资源开发	休闲、旅游、商贸流通
典型产业	特种养殖、温室大棚、无公害蔬菜、规模养殖	农产品加工、制造业、零配件组装、资源开发、建筑	物流、中介、农家乐、劳务、相关服务业

2. 生产要素仍然不断从农村流向城市,反哺机制尚未形成

长期以来我国国家财政对城市工业的投资倾斜,造成了农村基础设施和公共服务的严重匮乏,由于资金的需求缺口巨大,村庄集体和个人都没有能力进行大规模的建设投资。因此市场化阶段农村建设的典型首先面对的就是资金来源问题,农村资金的来源和去向构成了农村发展考察的关键。我国农村存在大量的剩余劳动力而资本相对紧缺,在我国农村财政支出严重不足的情况下,当地产业能否提供足够资金成为农村建设和发展的关键。如图3-2所示,各类生产要素通过多种渠道流出农村。

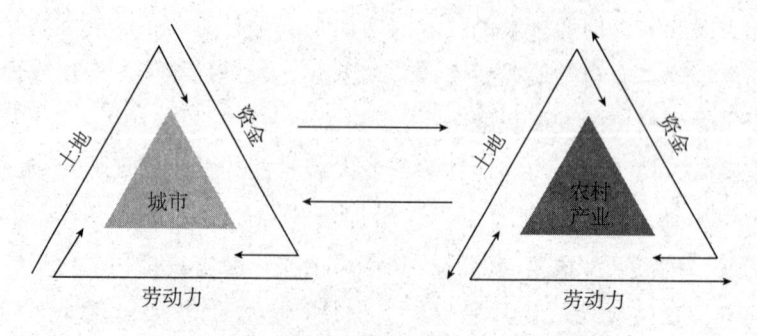

图3-2 基于生产要素流动视角下的农村产业发展

(1) 产业发展中资金的回流。

并非所有的农村产业均无差别地向农村投入资金，根据资金的利益群体进行分类，农村发展起来的产业资金流向不外乎三种渠道：第一，资金流向数量巨大而且分散的产业利益相关者；第二，资金没有回流到农村，而是流到少量个人手中进而进入城市；第三，部分资金有目的的定向回流，集中资金进行公共服务。

第一种情况主要是土地生产要素的回报，多见于农业经营领域，农民依靠农业产业化经营从土地上获取收入。这种模式下，一般相关产业并非集中在某一自然村，或者还没有形成产业集群效应，资金流动呈现零散化和均等化。农民现金收入不同程度的增加，生活条件因此得到改善。但是这种模式的弊端在于没有资金进行公共基础设施和服务建设，劳动力素质没有相应提高，农户所在自然村往往村内缺少统一规划，村庄缺乏凝聚力，因此长期来看农民收入依然难以有较大幅度的提高，各地发展起来的瓜果、蔬菜、畜禽、经济作物等专业村多表现为此种情况。

第二种情况主要是劳动生产要素的回报，多见于外地投资建厂雇用本地劳动力而发展的各种产业。这些企业利用本地廉价的劳动力，获取超额的利润，而资金回流到城市或者其他高收益领域。因为企业没有进行公共设施建设和服务的责任，其本身的趋利性决定了资金必然不会流向农村和农民。这也就解释了为什么很多地方企业很多，但是农村依然落后，农民依然贫困。例如"公司+农户"模式，由于利益主体的不一致往往导致利益双方的违约行为，农户在市场竞争中处于弱势，公司所获得利润一般难以流回农村，而是通过各种渠道流到城市或其他非农产业中去。

第三种情况主要是资本生产要素回报，多见于村集体企业或农民企业家对本村的资金投入。华西村、南街村、山东希森模式、韩村河都属于此类典型。资金定向投资到农村特定项目主要有两种原因：其一，改善村民居住环境和福利状况；其二，有利于产业的进一步发展而进行的公共基础设施建设，如公路硬化、绿化、村庄布局规划、治理污染、安全饮水等。

(2) 产业发展中土地要素的分析。

土地是农村生产重要的生产要素。一方面，土地是现代化手段进行作物生产的载体,可形成相关的农业产业以及产业结构;另一方面,土地也是产业的载体,为工业化生产和服务提供良好的载体,从而带动区域经济发展。

在产业带动型的农村发展模式中土地主要有农业占地和非农占地两种形式。农业占地包括了作物和畜禽两大产业用地,由于我国农村实行统分结合的双层经营体制,农户经营土地面积小且零散,而产业化需要统一质量标准和规模化来参与市场竞争,因此实行产业化需要完成的就是如何规模化以及如何组织农户问题。常见的模式有集中饲养、分区种植、土地反租倒包或者租赁等形式来完成规模化和标准统一。

非农占地主要包括厂房建设占地和基础公共设施建设占地。基础公共设施建设包含了企业发展需要的外部设施,例如,进村的公路、污水排放设施、绿化措施等。从历年的农村土地纠纷中我们能够看出,主要问题是土地的征用补偿过低和非法占地。由于《中华人民共和国土地管理法》规定的补偿额度没有考虑地域差异且总额偏低,而且政府对农村土地的征用具有很大的随意性,因此土地征用成为改革开放以来严重影响农村稳定的重要问题。

李艳琼和嘉蓉梅(2007)对全国30个省(区、市)1538位全失地农民的调查显示,农用地征用后主要用于城市建房、建科技园区、建工厂、修路等方面,土地溢价与收益较高,但对农村内部并未形成有效的反哺机制,生产要素持续流出。我国东、中、西部土地征用前后的用途比较(见表3-6)。

表3-6 我国东、中、西部土地征用前后的用途比较　　单位:%

地区	土地被征用前的主要用途			土地被征用后的主要用途				
	粮食作物	经济作物	其他作物	城市建房	建科技园区	建工厂	修路	其他
东部	62.08	27.81	10.11	19.73	11.37	34.78	25.08	9.03
中部	62.71	28.98	8.31	22.32	8.33	30.95	28.27	10.12
西部	56.60	30.99	12.41	30.43	6.23	19.74	33.96	9.64
平均	60.46	29.26	10.28	24.16	8.64	28.49	29.11	9.60

(3) 农村劳动力报酬的分析。

农业生产的低效益低技术、劳动力低素质以及劳动力过剩，导致农村劳动力报酬整体偏低。一方面农业的比较效益低下，农民的科技素质不高，往往从事简单的体力劳动，农业劳动力报酬较低；另一方面大量的农村剩余劳动力促使企业的劳动力成本降低，企业雇用周边自然村的农民进入产业链条进行生产，从而农民工资性收入有所提升，但相对仍较低。

从国际比较来看，我国的劳动力成本严重低于其他国家，且劳动力报酬差距仍在拉大（见表3-7）。近年来，由于竞争比较充分，利润率下降，产业内的兼并、重组比较普遍，以劳动密集型产业为主的乡镇企业不断收缩，向规模化发展的特征逐渐显现，就业推动能力呈现减弱趋势。此外传统工业化初步完成后，市场饱和度不断提高，部分产业不得不进行收缩来应对下滑的市场趋势，劳动力供给结构性过剩显现，劳动力报酬增长相对缓慢。

表3-7　　　20世纪90年代有关国家劳动力成本及其变化　　　单位：美元/小时

国家	1990年	1995年	1997年	1999年
中国	0.244	0.418	0.492	0.756
美国	12.910	17.190	18.270	19.200
日本	12.800	23.820	19.540	20.890
德国	21.880	30.650	26.840	26.180
韩国	3.710	7.290	7.860	6.710
墨西哥	1.580	1.510	1.780	2.120

资料来源：国务院发展研究中心发展战略和区域经济部课题组（2005）。

从从业人员产业分布来看，我国劳动力仍然主要集中在劳动报酬较低的农业产业中。全国农业产业就业人数比例为49.0%，第二、第三产业就业人数比例仍然偏低，同时，区域发展仍不均衡，东部地区工业与服务业起步较早，有着较高的先发优势，第二、第三产业从业人员比例较高，劳动力报酬总体较高。具体来看，东部地区第一产业就业人数比例为40.2%，中部和西部分别为53.8%和58.0%，中西部劳动力报酬总体仍偏低。2003年底，东部、中部和西部地区就业结构见表3-8。

表 3-8　　　　　　　　2003 年底中国三大地区就业结构　　　　　单位：万人

地区	就业人数总计	第一产业就业人数	第二产业就业人数	第三产业就业人数
东部地区	27554.8	11066.8	7715.8	8772.4
中部地区	22118.9	11907.9	4114.2	6096.8
西部地区	15189.3	8816.3	2178.1	4195.0

资料来源：《中国统计年鉴（2004）》。

综上所述，现有农村发展的典型实质是：凭借低地租、廉价劳动力两项优势，通过相关产业的带动解决资金再投入问题和农民增收问题。一方面，农村存在大量低素质的过剩劳动力，他们只能进入低门槛的劳动密集型产业，而劳动密集型产业在国际和国内市场竞争加剧的情况下生存空间下降，从而进一步压缩农村劳动力报酬增长空间。另一方面，资本对劳动力的替代逐步增强，过剩的劳动力与产业升级困难的叠加使二者纠结在一起，成为农村劳动力报酬上涨的阻碍因素。

3. 生产要素之间存在替代作用，尤其是资本对其他生产要素具有强替代作用

"马太效应"使劳动力充足而资本稀缺的农村更加难以吸引资金投入，加上中国农业发展银行、中国农业银行、农村信用合作社等金融部门的商业化运作，不愿意向农业领域投入资金，加剧了农村资金的缺乏程度。因此，农村企业的融资问题往往成为企业发展的瓶颈，在正规融资渠道困难的情况下，权力"寻租"变得更加严重，同时也压低了其他生产要素的价格。与之相对应的是，在资本充裕的情况下，由于其他生产要素的廉价降低了企业和个人进行投资的成本，因此，企业和个人存在较大激励进行产业发展，构成市场化阶段地方经济发展的主要驱动力。

（1）资本对劳动力要素的替代。

农村劳动力流动区域相对集中，以不发达地区向发达地区、农村向城市流动为主；流动具有多层次性，从农村内部流向乡镇、市县以及核心城市，显示了经济发展和市场配置人力资源的多层次性。

从地区的总产值来看，广东、上海、江苏、浙江、山东均处在前列，主要位于我国的长三角和珠三角经济区，见图3-3（a）。然而从农村人均纯收入中工资性收入与地区的总产值比较来看，则比值由高到低的前几位依次为：西藏、宁夏、青海、天津、上海、北京，见图3-3（b）。这表明地区经济的增长并未与劳动力薪酬同步增长，劳动回报率呈现下降态势，资本对劳动力的替代较为明显。中国经济1978~1996年间的年均GDP增幅为9.5%，1997~2002年间年均增幅达到了7.8%，但改革开放24年来，全国工资总额占GDP的比重却从17%下降到12%，其中有16年工资总额占GDP的比重是下降的，上升或持平的仅有8年。[①] 2003年的统计结果显示，全国工资总额占GDP比重最高的北京为30%，最低的是江苏，只占7.36%，二者相差4.07倍；而北京与江苏的人均GDP之比是1∶0.52，分配率却是1∶0.24。北京的人均GDP相当于上海人均GDP的69%，而分配率却是上海的1.91倍。在初次分配过程中，大量的剩余价值没有被分配而是被企业所占有，用于扩大再生产和其他渠道。

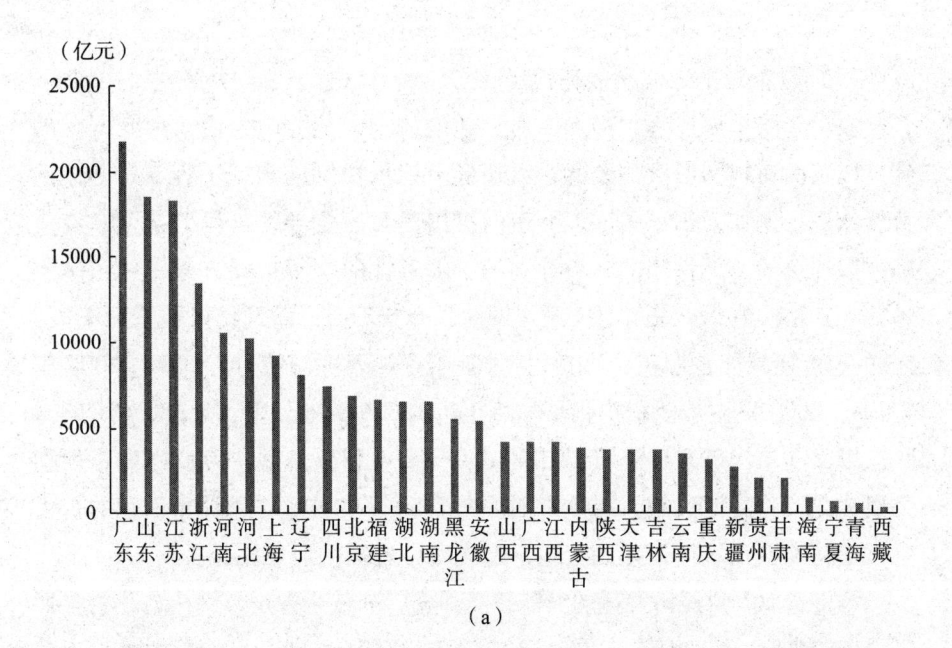

(a)

---

① 佚名. 让经济增长惠及所有百姓 [N]. 中国经营报, 2003-01-27.

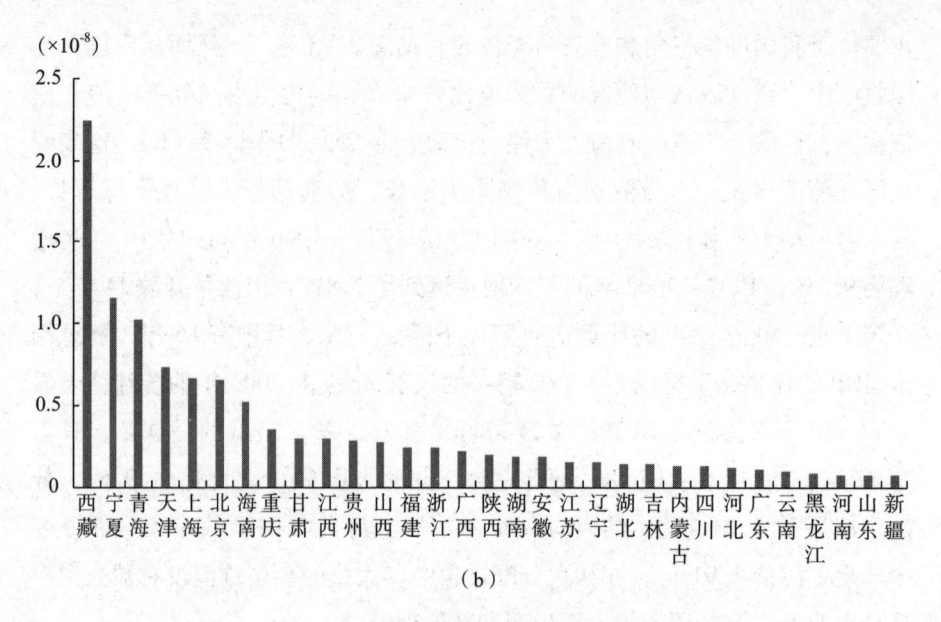

图 3-3　2005 年全国各地区总产值及工资收入占比

资料来源：《中国统计年鉴（2006）》。

(2) 资本对土地要素的替代。

农村经济发展过程中增加了对土地的需求，地方政府由于财政资金的约束以及面对招商引资的诱惑，以超低土地价格供应实现了资本对土地的替代作用。例如，长三角许多城市的扩展是政府主导的外延式扩张，许多地方以连续的、无秩序的、无计划的、随意性的空间扩展方式占用很多土地，尤其是耕地。长三角地区人均耕地只有 0.7 亩，而且仍以年平均 4% ~ 5% 的速度递减（曾照英，2007）。据浙江省规划部门统计，2000 ~ 2004 年 5 年间，浙江省城市面积扩张平均每年达 126.4 平方公里，是前 5 年的 3.4 倍。以义乌市为例，1988 年建市时只有 11.05 平方公里，2000 年城市面积拓展为 27 平方公里，至 2004 年则扩充至 50 平方公里，而城市面积的扩大基本上是靠征用城市近郊的土地，造成城市近郊耕地急剧减少。

本书选取农村经济发达的浙江、江苏、广东三个省份，湖南省作为参照省份比较耕地的减少情况，同时选取 1995 ~ 2005 年 11 年间金融机构对工商企业的法定贷款利率水平，从而绘制成图 3-4。可以看出，随着利率的降低，广东、江苏、浙江三省对土地的需求大幅度增加。因此，我们认为农村工业化引发了对土地的强烈需求，加速了土地的非农化进程。2000 ~ 2004 年

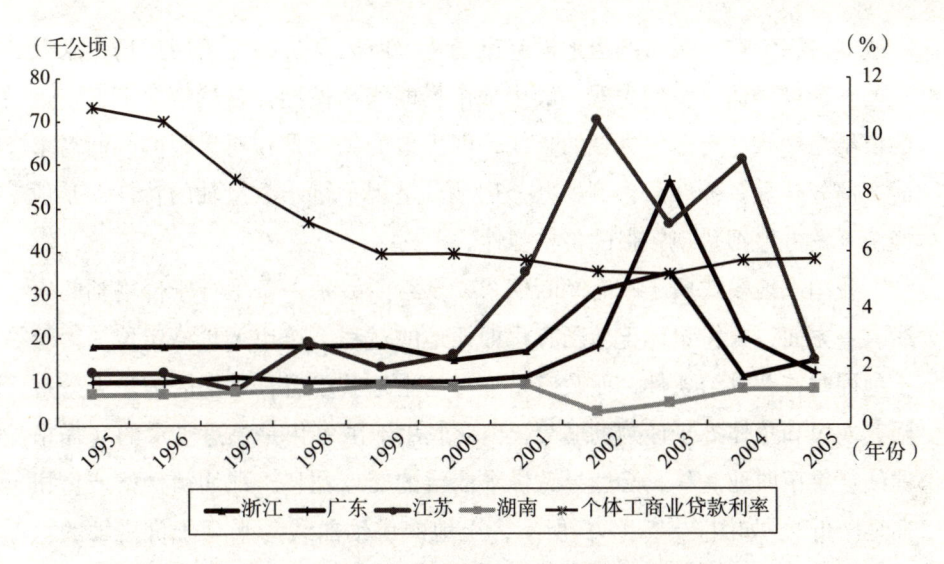

图 3-4 个体工商业贷款利率与基本建设占地

资料来源：《广东农村统计年鉴（2006）》《浙江农村统计年鉴（2006）》《江苏农村统计年鉴（2006）》《湖南统计年鉴（2006）》《中国统计年鉴（2006）》《新中国五十年统计资料汇编》。

三个省份征用了大量的基建用地，耕地面积大幅度下降。政府积极的财政政策刺激了企业通过贷款行为来扩大再生产，因此，必然增加对土地的需求用以完成资本的扩张。在农村产业发展过程中，土地对资金起着替代与互补的作用。例如，农业产品的生产往往要求土地集约化，同时要求土地的规模化经营，降低由土地分散经营带来的高额交易成本。

（3）三者之间的替代与互补。

我国土地所有制度有国家所有与集体所有两种不同形式，土地供需均呈现出非市场化的特征，土地的价格是土地的租赁价格，即使用权流转的地租价格，而非所有权的转让价格。当金融机构贷款利率下降时，则刺激企业和个人进行贷款投资行为，因此企业和个人有进一步扩大生产的激励。但是土地市场的供求关系在我国也存在着二元经济结构，在政府进行征用土地时表现为政府的非市场化行为，根据《中华人民共和国土地管理法》中的农用地赔偿条件规定进行征用，但是在土地的二级市场则进行市场竞价，完成了土地的市场化。在这个过程中土地由农用转为非农用地，中间的利差大部分归于政府，农户得到了不到20%的收益，土地属性也随之改变。因为在一级市场土地没有市场化,所以其价格无法用市场供求变化的平衡来评估。我们先看一般土地市场的均衡模型:自然情况下,土地的供给是一条平行于价格轴的直线,即土地的供给是相对无限的,而需求曲线部分是没有弹性的,例如办公用地,呈现平行于数量轴的特征,其他经济开发占地则呈现较强的价格弹性。

我国供地模式属于政府垄断模式,供给曲线是一条平行于价格轴的直线。一方面,农村集体土地国有化即征地的过程不按市场价格定价,大量土地同时符合供给条件,而政府是唯一的土地获得者,短期内需求十分有限,农民和集体处于谈判的弱势,因此农用地国有化是供过于求的(需求曲线严重扭曲地左移,必然导致供求曲线的交点左移,即均衡价格严重扭曲地降低)。如图3-5(a)所示,土地的供给曲线为平行于价格轴的直线,交易数量取决于政府的需求量。另一方面,政府在土地市场上形成了单一的政府垄断供给,致使招拍挂土地价格不断攀升,如图3-5(b)所示,供给曲线严重扭曲地左移,必然导致供求曲线的交点左移,即均衡价格严重扭曲地升高。土地的稀缺性决定了土地价格从长期来看必然是上升的,这也就是房价上涨、土地开发成本上升的原因。因此,从土地的供求两方面看,政府成为土地的需求方和供给方的中介,充当了垄断角色。

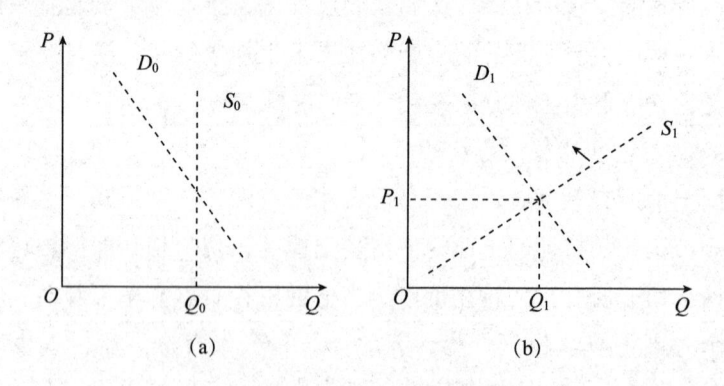

图3-5 农村土地供求关系

通过低价出让土地换取资金的进入机会。在一定区域内土地资源并非无限供给,地方政府在发展经济的过程中更加会有将土地资源变现的动力。土地的供给受到国家制度制约,而基于投资环境优劣考虑的企业一般不愿意在工商业不发达地区进行投资，因此会抑制对土地的需求。根据市场均衡条件，土地的最终价格等于其边际产量值。当区域经济不发达时，政府考虑降低土地价格来吸引投资，此时土地的市场价格低于垄断价格，由此企业可以获得额外的土地收益。因此从农村的耕地减少来看，城乡接合部以及经济发展好的农村城镇地区，土地的价格相对较低，具有很高的投资价值。

关于土地供给收益见图3-6。我们假定在一定的时间段内，政府能够提供的土地为定值 Q_0，这个假设一方面考虑处于资源垄断地位的政府是土地的唯一供应者，土地资源的稀缺性决定了政府具有通过减少土地供给量谋求超额利润的激励。另一方面，某一个时点上土地的供给数量也是由需求所决定的。因此存在着供求平衡点 E_0，E_0 的确定并不是市场供求引致的，而是由政府支付的地租收益决定，因此土地价格很低。由于政府是唯一的供应者，具有土地市场的定价权，而地方政府面对招商引资诱惑急于把土地变现，因此，博弈双方要在讨价还价的过程中确定价格。

我们假定最终的成交价格为 P_1，而政府部门获得的超额收益为 $P_1E_1E_0P_0$。农户的土地收益为固定的图形 $P_0OQ_0E_0$ 部分，构成了政府的前期成本。此时 $P_0=MC$ 并且与市场交易无关，因为没有参与到土地的市场化流转中来，因此这一部分只占总体的极小一部分。随着 D_0 斜率的变化，政府的土地收益也随之变化，即土地的需求弹性决定了政府的收益变化。而随着人口增长以及经济的发展，土地的需求呈现刚性增加，因此土地价格必然上涨。按照自由市场竞争原理，最终土地的边际成本等于资本和劳动的边际成本。由于我国东部沿海发展较快，耕地的非农化也相应地加快，因此土地的市场化价格逐步上升，这促使非农占地的成本上升，边际成本上升促进了劳动力的增加和资本要素的增加，在我国现阶段主要表现为劳动力的增加。西部地区由于资本缺乏，土地资源和劳动力要素相对丰裕，因此政府可以压低土地的价格甚至低于均衡价格 P_0，这可以看作土地部分替代了资本功能。从客观上来看，西部虽然劳动力和土地资源丰富，但是考虑到没有形成一定的产业集群，以及缺乏相应的基础设施，投资激励较小，而东部沿海地区部分地区土地价格已经很高，投资也不经济，因此今后一段时间必然是城郊地区的土地征占大量发生。如果实行土地一级市场的市场化来增加原有农民的土地增值收益，如图价格为 P_x，则土地的供给必然减少，而土地价格会大幅度上升，其幅度取决于需求的价格弹性，因此，快速发展的大城市郊区会进入土地价格的飞速增长期。这也是发达地区违法占地的情况要少于欠发达地区的原因。

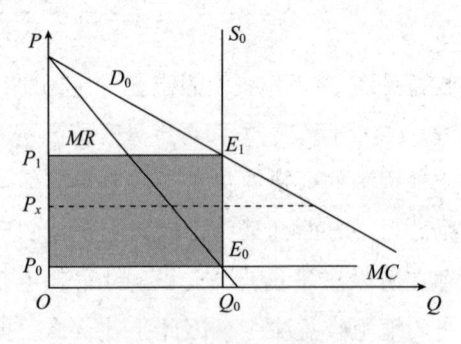

图 3-6　土地供给收益示意

3.2.3　市场化阶段农村发展模式主要存在的问题

1. 土地要素问题是农村问题的核心内容

（1）土地的征占与粮食安全之间的矛盾。

1996~2003 年中国耕地面积净减少 666.6 万公顷，同期粮食产量从 1998 年的高峰 5.1 亿吨下降到 2003 年的 4.3 亿吨，降幅超过 15%，其中虽然有保护环境的退耕因素，但建设占地仍高达 149 万公顷，是导致粮食减产的重要原因。①

到 2030 年中国将达到人口高峰，即 16 亿人口，按照亚洲膳食结构中的粮食消费水平人均 450 千克计算，16 亿人需要 7.2 亿吨粮食。目前世界谷物贸易量在每年 2 亿吨左右波动，即使中国可以从中获得 1/4 即 5000 万吨，中国自产的粮食总量也需要达到 6.7 亿吨。然而，到 2003 年中国的耕地面积只剩下 1.23 亿公顷，按照国土资源部的规划，中国耕地保护的底线是 1.07 亿公顷。假设到 2030 年中国的耕地面积保留了 1.13 亿公顷，其中

---

① 历年《中国统计年鉴》。

用于生产粮食的耕地占75%，则平均亩产必须达到525千克才能使粮食总产量达到6.7亿吨，即在进口5000万吨的前提下达到人均粮食占有量450千克。在过去的25年中，中国的粮食单产提高了110千克，未来25年依靠科技进步单产再提高135千克也是有可能的。到2030年，中国达到人口高峰且基本上完成了工业化时，工业化、城市化过程中占用耕地的最大限度只能是1000万公顷耕地（王建，2005）。

（2）土地的产出效率与产业升级之间的矛盾。

土地的产出效率被认为是衡量产业聚集程度和产业定位的一个重要指标。对于土地的产出效率的研究，有人认为必须去除非农用地或难以利用的面积进而计算有效产出面积，例如沼泽、山坡等难以具备产出功能，进入计算后容易低估地区的土地产出效率。我们认为，这样虽然能够计算出有效产出，但是必须要考虑土地的多功能性，在一定条件下不能够产出，并不意味永远不能产出，因此不能简单地进行排除。所以，我们使用基本的公式来衡量一个地区的产出效率：

土地产出效率＝地区总产值/地区总面积

土地的产出效率作为衡量地方产业化效率的一个重要指标，随着工业化的推进和土地面积的减小，产出效率必然是上升的。通过对我国2005年各省（区、市）的产业密度分布分析（见图3-7），可以看出上海的产业密度最高，前10位依次是：上海、北京、天津、江苏、浙江、广东、山东、河南、辽宁、河北。因此提高各省（区、市）的土地产出效率是减少耕地征占、保障粮食安全、进行产业升级的重要措施。2005年产业密度最高的上海为143707.69万元/平方公里，而2002年香港和澳门的产业密度分别为116135万元/平方公里和203133万元/平方公里（曾照英，2007），能够看出我国大部分地区的土地利用效率还是很低的。

（3）土地占用与基础设施建设之间的矛盾。

按照国际标准衡量，中国目前的城市和道路占地水平还很低。美国的人均城市占地水平超过1000平方米，道路占地超过500平方米；即使是人多地少的日本，人均城市和道路占地也达到160平方米，中国是人口大国，不能像一些人口较少的国家那样依靠世界市场吃饭，而把耕地都拿出来搞城市化，见表3-9。从这一点上来讲，农村的道路建设必须有总体的战略规划，必须保证道路的外部效应，防止大扩大建的浪费行为。

省份	数值
上海	143707.69
北京	41538.85
天津	31845.84
江苏	18857.82
浙江	12968.77
广东	12555.24
山东	11783.45
河南	6347.94
辽宁	5426.60
河北	5370.50
福建	5312.13
安徽	3873.37
重庆	3727.77
湖北	3510.29
湖南	3073.55
山西	2661.74
海南	2624.37
江西	2431.43
吉林	1903.06
陕西	1787.72
广西	1716.77
四川	1504.15
黑龙江	1261.72
贵州	1123.36
宁夏	912.80
云南	881.38
甘肃	442.14
内蒙古	325.29
新疆	158.98
青海	76.02
西藏	19.70

（万元/平方公里）

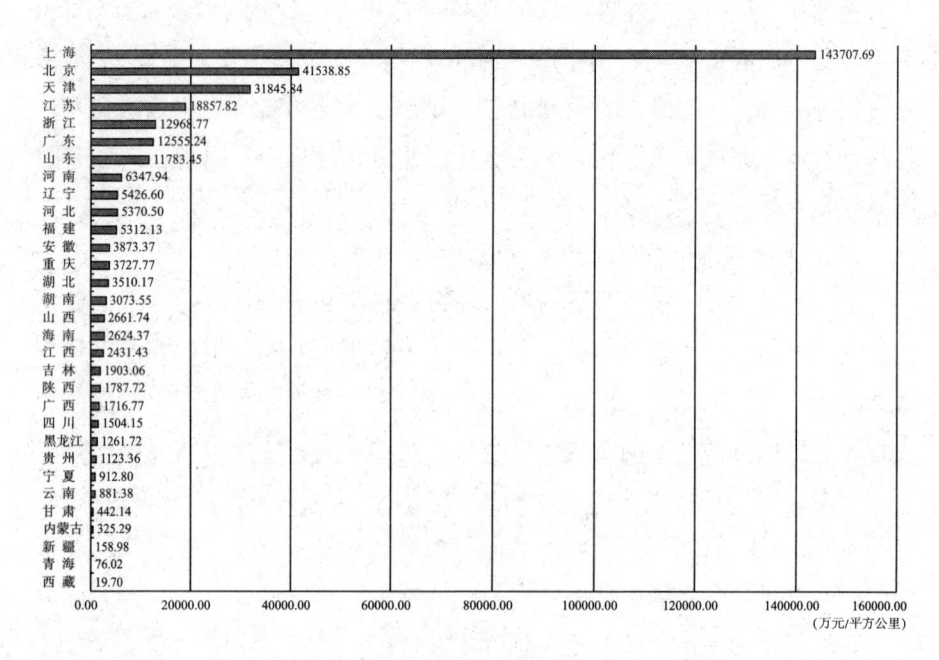

图3-7　2005年全国各省（区、市）产业密度分布

资料来源：土地面积数据来源于《中华人民共和国行政区划简册（2006）》；各省产值以及人口数来源于《中国统计年鉴（2006）》。

表3-9　2000年中国与世界其他国家基础设施水平建设差距

国家	公路里程（公里）	硬化路面里程（公里）	铁路里程（公里）	公路密度（公里/平方公里）	硬化公路密度（公里/平方公里）	铁路密度（公里/平方公里）
中国	1403000	314000	59000	0.1462	0.0327	0.0061
美国	6304000	3707000	160000	0.6547	0.3850	0.0166
意大利	480000	480000	16000	1.5947	1.5947	0.0532
墨西哥	330000	108000	18000	0.1685	0.0552	0.0092
印度	3320000	1517000	63000	1.0100	0.4615	0.0192
巴西	1725000	95000	26000	0.2018	0.0111	0.0030

资料来源：国务院发展研究中心发展战略和区域经济部课题组（2005）。

(4) 土地征占与失地农民补偿之间的矛盾。

农地的非农化增值过程中,当地政府部门占有了大部分资金,用以城市建设和各种行政开支,农户得到的收益很少。在我国社会保障制度尚未健全的情况下,土地使用权的丧失意味着农民失去了基本的生活保障,农民因失地生活变得不稳定。近些年发生在农村的案例中,土地案例占到了80%以上,尤其是在农村工业化进程加速的城市中,这种现象更加突出(见图3-8)。2003年的统计资料显示西部地区的土地违法案件逐渐增多,说明地方政府通过土地的市场转让获得租金的激励比较明显,同时说明农业收入对农民家庭仍至关重要。在进行土地的补偿时,一般按照《中华人民共和国土地管理法》中规定的国家征用方式进行补偿,而非市场化之后的价值,因此农民不仅失去了土地,也失去了获得再创业的原始资本。

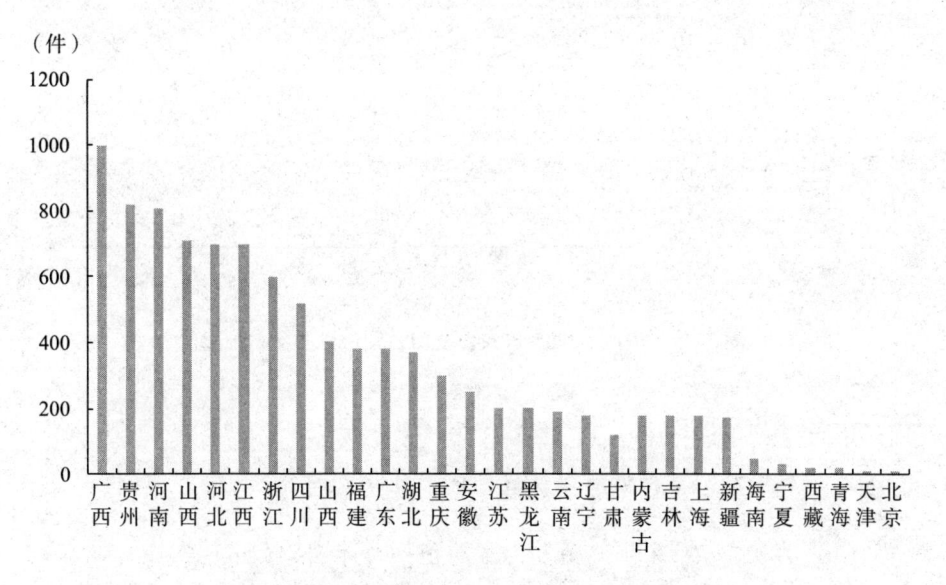

图3-8 2003年各省(区、市)土地违法案件立案数

资料来源:根据《国土资源年鉴(2003)》整理。

2. 政府对农村产业支持资金过少

中华人民共和国成立以后农村的发展为城市工业的发展提供了长期的资金支持。城市工业化通过各种形式从农业、农村、农民中取得资金支持,例如工农产品价格"剪刀差"、农业税。1952~1990年,国家通过各种形式从农村取得的积累资金为9530亿元，其中价格"剪刀差"方式积累资金6690亿元，农业税收方式积累1850亿元。而国家对工农业的基建投资比例为6.4∶1，远不及发展中国家的平均水平3.8∶1。国家对农业的支出与财政总支出比重较低（见图3-9）。在世界贸易组织规则允许的12种"绿箱"政策措施中，我国只使用了6种。尽管"三农"资金主要来自金融系统支持，但是农村金融系统逐步的商业化倾向严重，对农村的发展支持力度较小，农民难以贷款创业成为较大的发展制约因素。

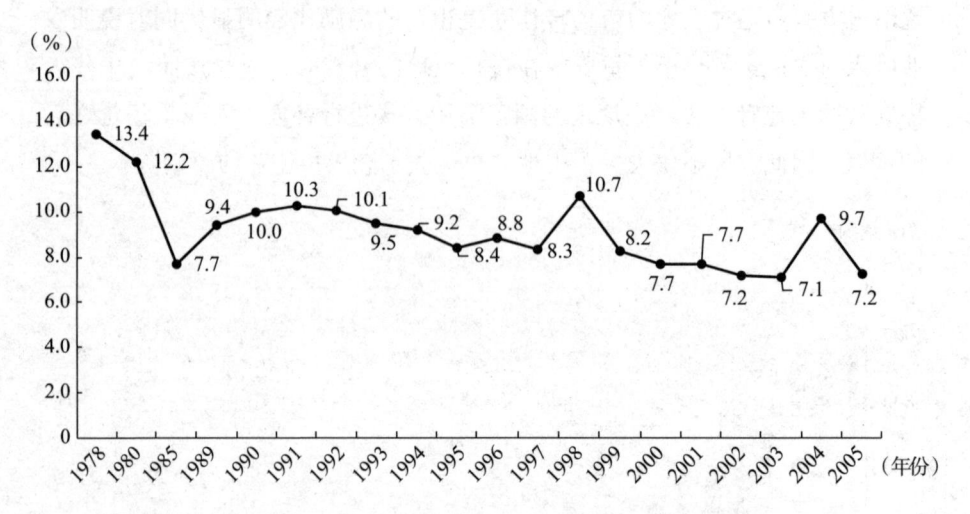

图3-9　1978~2005年农业支出占财政总支出的比重

资料来源：《中国统计年鉴（2006）》。

3. 农村劳动力本身素质以及福利水平过低

（1）劳动力素质低下。劳动力素质包括身体素质、道德素质、技术素质、自我发展素质等多方面的内容，在现阶段表现为技术水平差、自我管理能力和学习能力差。劳动力价值体现在劳动力在商品中的增值部分，现代市场竞争已经进入到了科学技术含量决定商品价格的时代，因此劳动力加入到商品中的科技含量就决定了商品的市场价格。劳动力素质的约束严重制约了我国农村地区的发展，尤其是农业产业的发展，导致农业产业链条科技含量低，使得农业产业化难以形成强有力的竞争力，大量的产业处于市场的低端部分，利润微薄，从而加剧了农业工人的失业与产业衰退。

(2) 劳动力工资低廉直接影响到劳动力的消费能力。我国农村地区由于教育落后，农民素质相对较低，因此，进入城市以后只能从事简单的体力劳动（见表3-10），形成低收入低消费困境。

表3-10　　　　　农村劳动力外出打工从事行业分布　　　　　单位：%

地区	普通工	技术工	零工或个体经营	一般管理者	承包者	其他	合计
四川	70.8	14.2	13.6	1.3	0.0	0.2	100
安徽	57.3	3.6	37.0	0.7	0.7	0.7	100

资料来源：杜鹰（1997）。

同时，由于农村劳动力市场存在大量的隐性劳动力剩余，也促使农村外出务工人员的平均工资水平较低。根据刘易斯的二元经济假说，劳动力价格随着劳动力数量的增加而下降，直到农业部门与工业部门的边际收益相同时，城乡之间的劳动力流动停止，但是由于农业劳动力隐性失业的缘故，城乡之间的人员流动难以呈现刘易斯的二元劳动力流动结构。由于个人收入的减少，市场的消费水平难以提高，反过来抑制了商品的销售和生产，从而进一步压缩了商品的消费市场。因此，提高农民的工资性收入，增加公共物品和公共服务的提供，能够刺激市场的消费，从而拉动经济进一步增长。

4. 农村发展的产业支撑缺乏有效机制

农村相关产业的发展并没有形成一定的资金回流机制，因此在市场化阶段的农村发展典型中，除集体经济能够形成集体资产进行分配外，其他一般为个人对本村的情感因素或企业以逐利为目标的再投资行为。因此在过去的二十多年间，华西村、南街村、韩村河这一类的村落均因为村内领袖的自我牺牲精神，把大量资金投入到村庄内部的基础设施建设以及村民的福利中去。同时，还有一些"公司＋农户"模式在现实中遭遇公司与农户之间的毁约行为，主要是公司没有任何责任向农村地区回流资金，利益主体不一致造成的单次博弈，最后农户与公司之间的关系往往变成雇佣关系。在强大的资本面前，分散的农户只能被动地成为弱势群体。不论是劳动雇佣资本，还是资本雇佣劳动，道德的说教都是无效的，因此，必须从制度上创新农村资金回流机制。

5. 产业结构调整势在必行

随着国际竞争加剧，市场对商品的质量提出了更高的要求。我国以高耗能为特征的粗放型经济增长模式必须要向集约型经济转型，农业产品则需要增加更多的附加值。从目前的实际来看，农村产业不仅仅需要发展具有比较优势的农产品，更加需要生产多样的供应国内不同层次需求的产品。卢锋（1997）的研究表明，我国的水产品、水果、蔬菜及肉类农产品生产具有比较优势，在粮食生产上，只要粮食价格稍微下降，就会有相当数量的农村隐性失业转变为公开性失业。但如果剩余劳动力转向比较优势产业，并且其生产产品出口的话，国际市场很快被填满，由于供给过大价格会很快降低下来。比较优势的两个基本假设，完全就业以及国家规模小在现实中就难以满足。但是如果把国内市场的地区间差异来进行比较优势产品布局，就能够完全避免市场饱和造成的价格波动。

国际市场的影响要求农村的相关产业必须进行产业升级。随着国际资本的进入，资本的扩张会出现在任何领域。同时农业也必须面临国际市场的竞争，以提升产业的科技含量，不断优化产业结构。这是所有农村产业发展的最终选择，否则大量的劳动密集型产业集中在利润微薄的环节，最终会影响到农民的收入以及农村的持续性发展。

3.2.4 农村市场化阶段典型示范村实证分析

1. 我国农村典型示范村的群体分析

（1）选取村庄的基本情况。

本书根据相关文献对农村建设典型示范村的总结（张利庠，2006；刘文俭，2006；高珊等，2007），对农村典型示范村进行梳理后发现，改革开放以后，我国村庄发展的主要动力依次是产业带动、资源利用和劳动合作。因此，典型案例选取依据主要包含了以农业、工业和服务业三次产业为主要特征的村庄共12个，其中，以工农副业产业带动的村庄5个，利用本地地理优势发挥服务优势的村庄3个，劳务输出与合作的村庄4个（见表3-11）。

以农业为主的村庄分别包含农业产业化生产和农产品物流2种模式；以工业为主的村庄包含了集体经济、共有经济、公司+农户等4种产业模式；服务业则包含了城乡旅游与运输、特色旅游与特色文化宣传等4种服务方式，利用农村劳动力外出或本地合作的2种劳务输出模式。

表3-11　　　　市场化阶段农村典型示范村基本情况

典型示范村	关键词	集体提留	农民收入来源	生产要素的使用
南京市高淳县桥李村	"苏峰""碧蓝针"	是	有机茶	土地、资源
南京市浦口区石佛村	城乡接合部	是	运输、经商、务工	资源、资金
深圳市万丰村	共有制	是	工资、分红	资金、劳动力
江苏省江阴县华西村	钢铁、纺织、旅游	是	工资、福利、分红	土地、劳动力、资金
山东前屯村	合作组织	是	工资、分红	土地、资金
江苏雨润集团	公司+农户	否	养殖	土地、资金
徐州市青山泉镇马庄村	文化表演	否	表演	资源
昆明市呈贡县斗南村	全国鲜花第一村	否	鲜花产业	资源、资金
山东希森模式	拆旧建新、公司+农户	否	工资、地租	土地、资金
部分城郊村庄	农家乐	否	服务业	资源
江苏省周庄	江南水乡、传感器	否	服务业、工资	旅游资源
河南郭陆滩镇太平村	劳务输出	否	工资	劳动力

（2）农村发展的资金来源。

我们发现，除了部分村庄由政府投入资金且村集体无提留资金用以自我发展外，大部分典型示范村集体的积累资金均来源于产业发展。村集体一方面可以通过融资手段筹措资金形成初始的启动资金，另一方面通过产业资金提留投入到农村的各项发展中去。集体的提留功能不仅保证了稳定的资金来源以及充足的农村发展资金，还从根本上克服了市场经济下的利益主体不一致的问题，从而保证了村民与集体在形式与本质上的统一。因此，增加企业的集体所属功能成为增加农民福利的重要措施，例如，农民的土地入股、企业对占地的补偿以及就业安置等措施实际上增加了农民分享企业福利的权利，进而形成一致的利益主体。

未使用集体提留资金进行公共物品和服务投资的村庄，一般可以分为以下三种模式。

第一种，以徐州市马庄村为代表的文化发展模式。基于原有农村经济社会结构短期难有改变的现状，贺雪峰等（2006）认为从精神文明入手进行新农村建设的成本最小。通过群众喜闻乐见的文化形式把村民较好地组织起来，在农民收入增长缓慢的现实背景下增加农村居民的精神财富。其优点一是农村社区原有传统文化得到保存和恢复，活动容易开展；二是投入资金少容易取得先期的成功。缺点是市场经济下青年人热衷于外出务工，对没有经济收入的活动热情不高，另外项目活动没有资金支持往往后续动力不足。因此，文化发展往往只能作为发展农村的切入口和启动形式，如果没有外来资金的资助，其本身的运营成本就足以抵消其带动作用。当前农民面临医疗、教育等多方资金压力，无暇顾及村内的精神文明建设；同时，文化产业或活动需要资金与文化创新能力两方面的支持，而农民由于自身的特点难以进行文化创新，所以农村发展难以有长久的生命力。因此，在一定程度上，文化带动的作用在闲暇时间较多的农村群体中作用较大。

第二种，以河南省太平村为代表的劳务输出型模式。一般村内没有相关的产业，耕地面积少，家庭内部存在大量的剩余劳动力，因此主要靠工资性收入以增加家庭的收入。在这种发展模式下，农民收入不断增加，生活水平得以持续改善，同时公共服务和公共产品缺乏并难以改善，村民向城市转移趋势增强，村庄逐步走向衰落。

第三种，以江苏雨润集团为代表的企业发展模式。依靠企业的发展壮大，增加了当地农民的工资性收入，从而改善生活质量。但是由于企业不隶属于村庄集体，村庄对企业的约束力小，企业与农民难以形成一致的利益主体，利益连接链条比较脆弱，尤其是在劳动力严重过剩的背景下农民权益就更加难以保障。另外，企业也没有承担任何的社会责任，其经营利润除了部分工资资金外流外，大部分资金流回到城市和其他产业，缺乏对农村发展进行投资的激励，多见于"公司＋农户"或"公司＋中介组织＋农户"等几种结合模式。

（3）农村发展的资源转变为发展资金。

自然资源、人文资源、社会资源等作为资本的一种特殊存在形态，广泛地存在于农村地区，在资源的利用以及分配上表现为一定的特殊性。利用本地资源优势的村庄比例较高，占所选样本总数的50%，例如，周庄的旅游资源、山西的自然矿产资源、北京郊区的地理优势资源、侗族的文化资源、老子家乡的名人资源等。资源得到初始开发增值后，通过产业结构升级和调整完善资源的价值构成才能增加资源的价值，进而实现资源的合理持续的开发。资源资本的特点主要有以下几个方面。

第一，不可复制性。资源资本作为独特的生产力要素构成了本地区的先天条件，往往具有难以复制的特点，即只有资源相近的村落模式才能具有借鉴意义，这样的村庄数量较少。

第二，具有交易价格。我们认为资源没有形成货币化需求和供给时，资源只具有潜在的价格，价值更无法体现。只有产品在市场中进行交换，价值得以体现，从而形成外部资金对内部资源的替代。例如农村旅游资源的开发，只有对外形成交易服务，才能真正产生价值。

第三，可加工性。资源的产生和消亡都是必然的，随着市场交换与竞争的加剧，资源的深加工成为资源开发升值的必要阶段。例如江苏省周庄的旅游产业，如果没有增加新的内涵和形式，村庄的旅游功能最终会消失。再比如南京市桥李村的茶叶，如果没有形成自己的品牌，茶叶资源就不能转化为资源优势。

(4) 农村发展水平与劳动力收入结构。

从公共物品供应来看，集体经济比较发达的村庄公共物品提供较多，其医疗、教育和养老相对补贴较多，而其他发达地区以个体经济为主的村庄公共物品提供较少，农民只能购买私人服务；从村庄的收入结构来看，排在前几位的是工业发达的村庄，然后是依靠当地优势产业发展起来的村庄，最后是劳务输出的村庄；从要素的流动方向和程度上来看，产业的集聚效应促使周边的生产要素包括劳动力、资金和土地不断被中心地带吸纳，从而产生更大的效益（见表3-12）。

要素的流动情况可以把农村典型示范村的发展分为三类：++、+、+-。第一类以南京市高淳县桥李村、深圳市万丰村和江苏省江阴县华西村为代表的村集体企业，吸纳了周边村镇的劳动力发展资本密集型产业获得了较大的成功，通过集体经济的方式分配剩余劳动力，保障了内部成员收入的公平性，而对外部劳动力和土地则是进行了剥夺，故在要素流动上呈现出中心极点吸纳和扩散现象。第二类以徐州市青山泉镇马庄村、昆明市呈贡县斗南村为代表的村庄积极发展本地产业,带动了农民收入的极大增长,但是由于机遇与个体间差异的存在,成员内部的收益差异较大。第三类以山东希森模式、河南郭陆滩镇太平村、江苏雨润集团为代表的村庄,由于村庄利益主体为多个,劳动力和土地的部分收益流入公司和非集体组织,利益分配取决于各方的组织力量博弈。

表 3-12 2000 年基于农户角度下的各村庄综合发展评分与排序

典型村庄	人均收入排序	公共物品提供程度	要素流动方向和强度
南京市高淳县桥李村	2	5	+ +
南京市浦口区石佛村	5	5	+
深圳市万丰村	6	5	+ +
江苏省江阴县华西村	1	5	+ +
山东前屯村	9	4	+ +
江苏雨润集团	8	2	+ -
徐州市青山泉镇马庄村	11	2	+
昆明市呈贡县斗南村	3	2	+
山东希森模式	10	1	+ -
部分城郊村庄	7	1	+ +
江苏省周庄	4	3	+ +
河南郭陆滩镇太平村	12	1	+ -

注:+表示要素的正向流入,-表示要素的反向流出。

2. 典型个案分析

(1) 村庄基本情况。

本个案选取河北省一个典型以农业为主的村庄,选取这个样本的意义在于其代表了黄淮海平原上的典型传统村庄向现代村庄的演变,具有现实上的普遍意义。

河北省青县侯家营村位于县城的中部,属于黄淮海平原地区,总人口约800人，户数约为180户，人均耕地面积3.16亩，常年作物为玉米、小麦、棉花。土地盐碱化程度高，粮食产量较低。长期以来，当地主要的经济作物是棉花，1988年开始种植西瓜，由于品质较好，销路也非常不错，按当时价格计算西瓜亩产值达到700元，全村99%的家庭种植西瓜，户均种植达到4亩。经过十年的发展，侯家营村成为当地首先富裕起来的村庄，大部分家庭购买了电视、洗衣机等家电和现代化农用工具，村民翻盖了新房，村里修了柏油路，装上了自来水。但进入20世纪90年代后期，由于西瓜遭遇严重病害，而田地轮作、药物等方法难有收效，西瓜作为本村的支柱产业消亡了。棉花重新成为本地人的主要经济作物，但由于农业税收较高，农业收入增加困难，村民开始返贫。

2003年以来，农户开始出现普遍的兼业，男女青壮年外出打工，老人与孩子在家从事农业生产。棉花生产开始消失，玉米价格走高，种植面积增加，农民收入逐步增加，见表3-13。

表3-13　　　　　　河北省青县侯家营村家庭收入结构

年份	主要经济作物	主要从事活动	人均耕地（亩）
1988	玉米、棉花	农业	4.7
1988~1997	西瓜、棉花	农业	4.7
1998~2003	玉米、棉花	农业、少量外出打工	3.16
2004~2014	玉米	兼业	3.16

从表3-13可以看出，该村人均耕地面积远高于全国水平，农业收入成为家庭收入的主要来源，家庭联产承包责任制发挥了重要作用。改革开放后，全国市场的形成也对其农业生产有较大影响。尤其是农村工业化的发展增加了农民就业，拓宽了农民收入来源，劳动力兼业化及非农化程度逐步加深。

（2）村庄产业结构特点。

该村庄主要以农业生产为主，副业主要是个别农户从事生产豆腐、油条以及凉粉等小吃。20世纪80年代村集体曾经先后开办过拔丝厂、羊毛厂、粉条厂等企业。进入90年代以后，企业经营陷入困境，最终均倒闭破产，职工重新回到耕地上从事农业生产。本研究选取 50 户农户进行抽样，采用半结构式访谈方式调查，共调查 228 人，将人群进行分类汇总，得到如下结果，见表 3-14。

表 3-14　　　　　　　　样本村各年龄阶段职业分布

年龄（岁）	农业（人）	打工（人）	个体经营（户）	调查人数（人）
>50	92	12	0	104
41~50	68	2	2	76
31~40	2	16	2	20
20~30	2	26	0	28
总计	164	56	4	228

从表 3-14 能够看出，40 岁以上从事农业生产的农民占农业劳动力总数的 97.5%，务工农民数量占总务工数的 25%，而从事个体经营的家庭占到 50%。务工劳动力主要是因为本村有铁路修建工程，农闲时间不外出务工的老年农民在本村内打零工。20~40 岁左右的农村劳动力主要在附近务工，占总务工人数比重的 75%，从事农业生产的中青年农民只占到 2.5%，个体经营占 50%。由于本村距离县城 6 公里，本村以及附近村庄在县城务工人员较多，尤其是初中毕业生毕业后很少愿意从事农业生产，一半以上外出务工。从职业数量上来看，村庄的个体经营家庭只有 4 户，分别包括商店 2 家，开出租车 1 家，跑运输 1 家。

从农民的收入上来看，主要收入依然来自农业，而本村由于耕地较多而劳动力较少，因此难以从事劳动密集型的产业。春季耕种作物主要为小麦和棉花，其中小麦种植面积占到耕地总量的 40%，棉花只占 10% 左右。由于小麦的收益较玉米低，农民种植积极性不高，而棉花收购价格波动较大，收获时节劳动力需求数量和强度较大。夏季主要种植夏玉米和部分谷物杂粮，其中玉米的种植面积达到 85%，红薯、谷子、向日葵等种植面积占 15%。秋季作物主要是蔬菜类和小麦，其中春地即空白地占 50% 以上，蔬菜以大白菜为主，且较少作为商品销售。

（3）村庄公共物品提供。

1984 年，村庄集体收入增加，原村委会着手改造村内公共设施，主要修建了通向所有农户的自来水管,每年坚持绿化沟渠、坡地等公共地,小学教育能够上到5年级,医疗方面仍旧实行合作医疗。但是,随着村集体收入的减少,尤其是农业税费改革后村集体收入下降,对农村公共物品的提供数量和质量严重下降。首先,村内水井水位下降,部分居住在高处的村民取水困难。其次,从幼儿园开始到小学3年级在村内就读以至于后来缩减到小学1年级在村内就读,不到10岁的孩子需要骑车到10里以外的学校学习。最后,医疗费用大幅度上升,农民惧怕过高的住院费用,大病等死,小病扛着;道路和绿化也无人过问,因修路砍掉的树木也没有再补植;至于其他改水、改厕、改电等公共服务更是没有人管理,村委会已经名存实亡,难以起到应有的作用,见表3-15。

表3-15　　　　1984~2003年以来村庄公共物品提供情况

时间	教育时间（年）	医疗	公地绿化	修道路（公里）	增水井（口）
1984	5	合作	所有公地	0	1
1998	3	自付	0	2	2
2003	1	自付	0	0	0

从村庄的发展历程来看,农村经历了市场化改革后要素市场均出现了不同程度的城乡不均衡流动,公共物品的提供严重的缺乏。在农民收入增加缓慢的前提下,由私人承担公共物品的提供和服务短期内也是不现实的,因此在这一阶段无产业支撑的村庄短期内都出现了衰退,难以实现经济的飞速增长。

3.2.5　市场化阶段农村发展模式的借鉴意义

市场化阶段农村发展涌现出很多的典型,均表现为由相关产业提供农村发展资金,且资金的使用具有明显的方向性。集体经济衰退的时候,村庄集体没有资本积累必然难以完成村内的公共物品和服务的提供,而企业的逐利性决定了企业的资金必然不会投入到具有外部性的公共物品和服务上,因此,寄希望于地方非集体产业提供农村发展的资金是不现实的。市场化阶段农村发展模式可供借鉴之处主要有以下几点。

(1) 强化村级各类农民组织功能或村集体功能，增强农村内部产业支撑。

充分发挥集体经济的作用，利用产业经济的发展改善村庄面貌，提高农民收入是一条十分重要的途径。南街村、华西村这类早期发展起来的农村典型，就是充分利用了集体经济的力量，克服小农经济的缺陷，发展村办企业，支撑农业发展、农村建设和农民生活的改善。只有把农民组织起来才能改变农民在市场中的弱势地位，真正改善农民的生活状态。根据叶敬忠等（2006）的调查，除了70%的农民认为依靠政府的投入外，9.2%的农民认为村委会是带领村民致富的主要组织，87%的村干部与43.5%的村民愿意加入到专业技术协会或组织。在农村发展过程中，资金的稀缺依然是主要问题，因此通过发展壮大专业合作组织来筹措新农村建设资金，通过发展自有产业持续增加农民收入依然是农村发展的可选道路。

(2) 发展劳动密集型产业，及时调整产业结构。

在现有的经济条件下，户籍制度的放开依然是个漫长的道路，这就决定了劳动力的转移不仅仅是个漫长的过程，而且说明了农村依然是大部分农民的长久居住地。因此发展农村相关产业对减轻城市压力，促进农村当地经济的发展，稳定社会安定局面有着重要的意义。在劳动力存在大量剩余的基本国情下，发展劳动密集型产业仍将是我国今后长时期内产业发展的重要模式。有学者根据国际劳工组织的统计资料按照2000年的平均汇率，对16个国家和地区最近年份的制造业人工成本进行了初步测算。分析认为，该阶段中国制造业人工成本水平较低，仅为1200美元，不足发达国家的3%，具有明显的竞争优势。较低的劳动力成本充分保证了生产成本和利润空间，这是企业追求的永恒目标，也是吸引国外跨国制造公司进行生产转移的因素之一。在相当长的一段时间内，劳动力优势和市场优势是推动我国企业发展的根本优势，中国仍可以保持这种优势，而且国内东部与中西部地区之间发展的不均衡，可以保证劳动力优势的延续。

在全球化逐步加深的今天，产业价值链在全球范围内不断地分解和重新分配，占领价值链的高端成为许多国家的目标。随着经济的发展，我国的产业结构势必进行调整和升级，否则会沦为强国的附庸，永远地处在产业价值链的低端。自中国加入了WTO以后，农村市场已经融入了世界市场竞争范围内，因此，提高农村企业的市场竞争力成为新农村建设的关键环节。

（3）建立农村公共基础设施和服务的多元化投资机制。

以目前我国的财政收入，完全负担农村所有的公共基础设施和服务是不可能的，因此，在较长的一段时间里，仍然要施行多元化的投资机制，利用市场机制完善地方公共基础设施和服务。

按照资金的投入主体，多元化投资机制主要可以分为：政府转移支付、政策融资、公益筹资、村内集资、制度引资五个方面。对于政府转移支付而言，包括中央政府转移支付、土地出让金返还金、地方政府的扶贫资金，其中，土地的出让金以农民的使用权丧失为代价，理应由农民享受到更多的利益。政策融资则包含了金融部门的改革，其具体手段包括中央政府国债资金、以工带赈、设立基础设施开发银行、地方政府债券等。公益筹资是指利用福利彩票资金投入、慈善基金等公益筹资方式回流城市资金返还农村。如果当地农民相对富裕则可以进行村内集资从而加强对公共基础设施的建设和服务的提供，尽量不要增加农民的负担。此外，还可以利用市场化的手段多方吸引国内外资金，包括项目融资、国外低息贷款、社会保障基金、民营化特许经营、开发投资等。

（4）积极利用本地各种要素资源，加强金融体系对农村的支持，发展农村生产力。

发挥农村金融机构优势，增强金融支农力度。通过增加贷款种类和方式，满足银行业务对农村经济发展的多元化需求，切实转换经营机制，增强服务功能，发挥金融机构与农民联系紧密的优势，加强对"三农"的信贷支持，实现农村经济和农村信用社发展的良性互动。邮政储蓄机构应利用自己网络的优势，积极开办多种形式的贷款业务，加强农村金融服务。农发行和各商业银行要适当调整和转换经营策略，下放贷款审批权限，做到责、权、利相结合，充分调动基层支行开拓市场积极性。

建立农村多层次金融支持体系。积极推进农村金融组织创新，适度放宽农村地区金融机构准入政策，降低准入门槛，鼓励和支持符合农村需求的金融机构发展。在发挥现有金融机构优势的基础上，大力发展农村保险、证券期货、投资基金、担保、信托、融资租赁等金融业务。以农村保险业巩固种养殖业生产和农副业创新，探索农村期货市场的发展，促进大宗农产品交易，促进农村产业投资基金引导信贷资金和其他社会资本投向农业领域，并利用信用担保业务解决农民贷款难问题。

3.3 新时期农村发展阶段（2006年至今）

3.3.1 新时期农村要素流动变化[①]

1. 农村资金投入情况

从2007～2008年中央财政支出来看，农业资金投入大幅增长。2007年中央财政用于"三农"的各项支出合计4318亿元，增长23%，2008年增长至5625亿元，增长30.3%；2007年中央财政对农民的农资综合直补支出276亿元，2008年增长至482亿元，同比增长74.6%；农机具购置补贴由20元增至40元，良种补贴由60.6元增至70.7元，对农业支出大幅增加。同时，加强农村生产支持与技术培训，实施粮食最低收购价政策，支持生猪、奶业和油料生产发展，在六个省（区）开展水稻、小麦等重要农作物保险保费补贴试点，在2万个村开展新型农民科技培训。

金融部门对农村支持力度加强，农业贷款及民营企业贷款比重提升。2007年末，全国县域小额贷款占各项贷款的比重为14.5%，分别比2004年、2005年和2006年提高1.3个、0.6个和1个百分点。从各区域分布看，中部和西南地区小额贷款占比最高，2007年末中部地区和西南地区小额贷款占各项贷款的比重分别为17.6%和17.1%，比2004年末分别提高3.6个和3.9个百分点。2007年末，全国县域农户贷款为8002亿元，同比增长10.5%，比2004年、2005年和2006年末分别增加2656亿元、1783亿元和759亿元；占农业贷款的比重为47.1%，比2004年、2005年和2006年末分别提高12.1个、10.0个和8.5个百分点。2007年末全国县域民营企业贷款余额6173亿元，同比增长52.9%，比2005年和2006年增速

[①] 财政部：《关于2007年中央和地方预算执行情况与2008年中央和地方预算草案的报告》。

分别加快43.0个和37.9个百分点；占县域各项贷款的比重为11.6%，比2004年提高了2.8个百分点。

2. 农村土地要素流动情况

中央和地方分成的新增建设用地土地有偿使用费继续按规定用于基本农田建设和保护、土地整理和耕地开发等。地方财政也要增加"三农"投入，特别是土地出让收入要重点向新农村建设倾斜，确保足额支付被征地农民的征地和拆迁补偿费，补助被征地农民社会保障支出；逐步提高土地出让收入用于农业土地开发和农村基础设施建设的比重。

3. 福利保障制度情况

农村教育支持力度加强。2008年中央财政支持农村教育、文化、卫生事业发展1073.2亿元。全面实施农村义务教育经费保障机制改革，对全国农村义务教育阶段学生全部免除学杂费，全部免费提供教科书，对家庭经济困难寄宿生提供生活补助，提高中小学公用经费和校舍维修经费补助标准，中央财政支出364.8亿元，地方财政也相应支出323亿元，使1.5亿学生和780万名家庭经济困难寄宿生受益。支持在教育部直属师范大学实施师范生免费教育试点。实施新的家庭经济困难学生资助政策体系，扩大资助比例，提高资助水平，通过助学金等形式对家庭经济困难的普通本科高校、高等和中等职业学校学生给予资助。

农村医疗支持增加。2007年中央财政用于医疗卫生支出664.31亿元，增长296.8%。新型农村合作医疗制度覆盖面扩大到全国86%的县，参合农民达7.3亿人，中央财政补助114亿元。城镇居民基本医疗保险制度开始试点，中央财政对试点城市参保居民按每人每年不低于40元的标准给予补助。进一步推进城乡医疗救助工作，支出34亿元。加大公共卫生投入力度，支出96.8亿元，重点支持重大疾病防治和社区卫生服务发展；自然灾害生活救助资金62亿元。

社会保障体系全面建立。2007年中央财政用于社会保障和就业支出2303.16亿元，增长13.7%。在全国农村全面建立最低生活保障制度，补助财政困难地区30亿元，地方财政也增加了投入。

3.3.2 农村发展典型示范村分析

我们选取农业部（2006）进行全国新农村百村调研中的优秀典型进行统计分析，分别根据其资金来源、支撑产业、公共建设项目以及农民收入与产业间关系进行考察分析，统计中剔除部分数据缺失的村庄，最终得到有效样本统计数为75个，具体见表3-16。

表3-16　　　　　　　　　　新农村建设典型样本村

村　庄	村　庄	村　庄
安徽省芜湖市联群村	浙江省义乌市楼村	四川省双流县南新村
福建省武夷山市枫坡村	山东省乐陵市梁锥村	云南省丽江市东元德为村
福建省龙岩市洋畲村	河南省新乡县龙泉村	贵州省贵定县音寨村
江西省高安市南坪村	湖北省嘉鱼县官桥八组	新疆玛纳斯县园艺场
湖南省道县下蒋村	云南省曲靖市庄家圩村	天津武清区周庄村
广东省高要市波西村	宁夏西吉县单家集村	河北涿州市茂林庄村
广西苍梧县冷水村	北京市房山区韩村河村	山西省太谷县郝村
重庆市江津市郭坝村	江苏省江阴市华西村	内蒙古巴彦淖尔市红旗村
四川省绵阳市爱民村	浙江省德清县恒星村	辽宁省灯塔市新生村
贵州省晴隆县江满村	河南省新乡县刘庄村	辽宁省兴城市四家村
贵州省贵阳市阿栗村	海南省文昌市椰林村	吉林省公主岭市八家子村
云南省曲靖市何旗村	山西省礼泉县白村	黑龙江省富锦市太安村
西藏拉萨市藏热村	甘肃省临洮县梁家村	江苏省赣榆县宋口村
西藏日喀则市甲根村	北京市怀柔区官地村	安徽省三元村沿河居民点
甘肃省永昌县七坝村	天津市北辰区双街村	江西省遂川县龙脑村
甘肃省武威市达通村	内蒙古满都宝拉格嘎查	山东省广饶县张庄村
甘肃省定西市大坪村	内蒙古呼和浩特市大台什村	山东省广饶县牛圈村
青海省湟中县苏尔吉村	上海市金山区万春村	河南省新乡市耿庄村

续表

村　庄	村　庄	村　庄
青海省互助县山城村	上海市嘉定区毛桥村	湖南省安仁县桥石村
青海省湟中县班仲营村	浙江省义乌市雅文楼村	广西北流市罗政村
宁夏吴忠市北门村	浙江省德清县杨墩村	四川省中江县柳林沟村
宁夏吴忠市古城村	福建省福清市岑兜村	贵州省余庆县光明村
新疆玛纳斯县太阳庙村	江西省安义县罗田村	宁夏灵武市西渠村
北京市昌平区郑各庄村	江西省玉山县大洋村	新疆吐鲁番市老城东门村
湖北省武汉市严家村	湖北省云梦县百合村	新疆尉犁县达西村

1. 农村发展资金的来源

农村的资金来源从表 3-17 来看分为农民自筹、政府投入、村集体投入、国外资金、捐款五种渠道。

表 3-17　　　　　　　典型自然村资金来源分布情况

资金来源	项目数量（个）	单独投资数量（个）	独资所占比例（%）	占总体比例（%）
农民自筹	28	8	28.57	8.60
政府投入	50	30	60.00	32.26
村集体投入	43	29	67.44	31.18
国外资金	2	1	50.00	1.08
捐款	25	0	0.00	26.88

从统计上来看，由村民自筹完成新农村建设的目标在现阶段还存在很多困难。我国新农村建设资金主要来自国家及集体筹资，村民自筹的村庄所进行的基础设施建设相对较差。例如，甘肃省临洮县梁家村以及吉林省公主岭市八家子村等村庄主要在合作社的组织下发展专业化的农业和畜牧业，修整道路、绿化以及保鲜库的建立都是产业发展的需要，并非是建立在所有农村居民福利之上的，投入相对较小，外部性效应受成本的约束较大。另外，由国外项目资助以及村民、华侨等的捐助在农村发展中并不具有普遍性，占到总体资金的 1.08%。

2. 产业支撑项目

从图 3-10 可以看出，新农村建设中的先进村庄产业集中在种植业和畜牧业，分别占到 48% 和 22%，其中无产业支撑的占到产业总量的 2%，主要依赖于上级政府的拨款以及国外项目和捐款获得建设资金。由此我们也能看到，国家对农村的财政支持依然比例很小，大范围和大量的农村财政补贴短期内依然不可能实现。大部分村庄主要以 1~2 个专业化产业为主，其中以种植业和畜牧业居多。以一个产业为主的村庄占总村庄数的 58.06%，两个产业发展较好的村庄占比是 38.17%，而没有产业支撑的村庄占总村庄数的 3.23%。

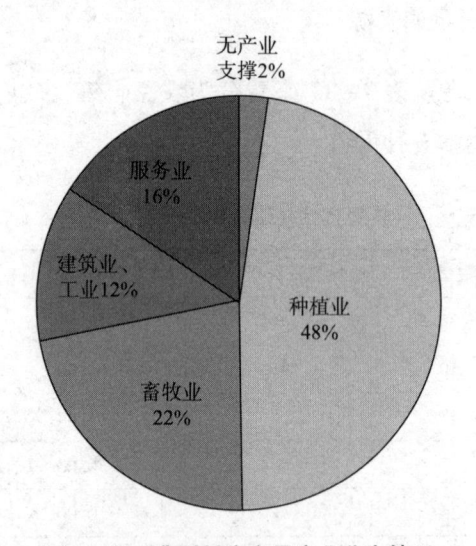

图 3-10 典型村庄主导产业分布情况

3. 新农村建设公共物品提供项目

我国社会主义新农村建设依照"生产发展、生活宽裕、乡风文明、村容整洁、民主管理"的方针施行，但公共物品和公共服务的提供数量仍严重不足且质量不高，地方政府的引导更加侧重于显而易见的公共物品的提供，而轻视公共服务的提供。

从具体提供的公共物品项目来看，主要集中在以下三个方面。

(1) 改水，包括新增水源、洁净水质、铺设自来水管道、清理河道、池塘以及排污设施。其中铺设自来水管道，清理河道等项目主要依靠村内的义务工完成。

（2）修路，包括村内主干路、村间主干路的修建和硬化。部分资金缺乏地区多施行路面硬化，以节省成本。其资金来源，一是村外企业或者合作社出于生产需要，独立出资进行修建，修建范围较小；二是村企业或集体出资，主要集中在村内主干道的修建；三是由村申请政府财政支持项目，一般是修建出村道路。

（3）绿化，主要是村内沿路树木的栽植。改革开放以后，农民为了减少树木对粮食生产的影响把承包田内的树木都砍掉了，即使沟边集体地块的很多树木由于非个人所有，也往往因为同样的原因被偷砍。根据调查，很多村委都把村内树木私人化，即村委出钱种树后产权归村民所有，农民砍树的意愿才有所下降。

从表3-18我们能够看出，各个村庄提供的公共物品不尽相同，主要集中在改、通、建三个方面，但对于生产性公共物品投入明显不足。以养殖业为主的村庄占总村庄数的22%，然而修建养殖小区的村庄只有1%；生态环保方面，提供沼气项目的村庄只占到7%；而没有提供任何公共物品的村庄占到了7%。

表3-18　　　　　　典型村庄公共物品与服务的提供情况

公共物品项目	数量（个）	公共服务项目	数量（个）
改厕	11	治安	3
农田水利	1	小学教育	3
养殖小区	1	福利低保	4
道路修建	54	农民培训	13
沼气项目	7	村民活动室	16
绿化	26	免费水电、粮油、学费	6
改水	42	五好家庭	4
无	7	无	18

由此，我们也可以看出农村公共物品的提供主要存在以下三个方面的问题。

（1）没有提供公共物品的村庄主要是以劳务输出、农业和牧业为主要支撑产业的村庄，这类村庄农户相对比较富裕，但是难以形成较强的公共积累，因此较难提供公共物品。

（2）村庄公共物品提供方面更侧重于表面上生活环境的基础建设，生产上的基础设施、村民福利、精神文明建设和政治文明建设都没有得到有效的改善。

（3）村民的生活环境建设方面，主要集中在修路、改水、绿化三个方面，更倾向于突出表面成绩。在宏观上缺乏长期规划和可持续发展理念，例如村内排污设施修建、电网修建、河堤河流等的修缮；在微观上缺乏人文关怀，例如沼气项目、厨房改灶、村民活动室、改厕、村内文化活动等。

4. 产业发展与我国农村人均各阶层收入之间的关系

从村庄的产业结构来看，村办企业在增加农民收入的过程中起到了至关重要的作用（见表3-19）。随着收入层次的提高，以种养殖产业为主的村庄占总体比例逐渐降低，以其他三项工业企业、劳务输出、旅游业为主的村庄占总体比例逐渐上升。同时，依靠单纯的劳务输出的村庄还不能进入中等收入组，村庄越是经济发达，其劳务输出比例越小。另外高科技产业的发展也是使农民收入进入高收入组的一个原因。能够进入高收入组的行业，除了钢铁、纺织、建筑等行业外，还包括了生物制药、酿酒行业，这表明提高农业的附加值是增加农民收入的重要方法之一。另外开发和扩大旅游业也是我国农村农民增收的重要途径。典型村庄不同收入组的产业分布情况见表3-20。

表3-19 人均收入与产业发展的关联

收入分类	人均收入（元）	相关产业	占总体比例（%）
高收入组	>10000	制药、建筑、旅游、钢铁、纺织	14
	>9000	制陶、蔬菜	2
	>8000	服装、水产	6

续表

收入分类	人均收入（元）	相关产业	占总体比例（%）
中收入组	>7000	畜牧、机械	5
	>6000	养殖、铅笔	4
	>5000	蔬菜、奶牛	14
低收入组	>4000	蔬菜、畜牧	15
	>3000	果树、蔬菜	23
	>1000	粮食、蔬菜	12
无收入记录组	—	蔬菜、旅游	5

表 3-20　　　　典型村庄不同收入组的产业分布情况　　　　单位:%

收入组	各主产业所占总体比例					
	种植	养殖	工业企业	劳务输出	旅游业	其他
高收入组	0.0	0.0	55.0	0.0	20.0	25.0
中收入组	42.0	40.0	10.0	5.0	3.0	0.0
低收入组	51.0	24.0	6.7	16.7	1.6	0.0

3.3.3　新农村建设的升级与美丽乡村（2013年至今）

1. 美丽乡村的提出

伴随中国城镇化的快速推进，城市经济快速进入现代化，从而生产要素开始反哺农村，形成国家与民族的整体现代化，是现代化的基本发展规律。在加快新农村建设的同时，实现农村的现代化，是建设美丽乡村、深化农村改革的现实课题。在党的十八届三中全会勾画的建设美丽中国、打造生态文明的宏伟蓝图中，美丽乡村建设是其中重要一环。党的十八届五中全会提出"创新、协调、绿色、开放、共享"五大发展理念，为美丽乡村建设指明了方向。美丽乡村建设是社会主义新农村建设的升级版，是统筹城乡发展中的一次重大创新，也是推进生态文明建设的新工程、新载体。它更注重农业可持续发展、乡土文化的传承和繁荣、农村居民体验以及城乡的互推互动和互融互联。

农业部2013年5月下发《农业部"美丽乡村"创建目标体系》，其将"美丽乡村"目标体系分为总体目标和分类目标。2015年，国家质检总局、国家标准委发布《美丽乡村建设指南》国家标准，对美丽乡村建设作出总体指导。该标准基本框架分为总则、村庄规划、村庄建设、生态环境、经济发展、公共服务、乡风文明、基层组织、长效管理9个部分。

2. 美丽乡村典型示范村实证分析

农业部2013年5月下发《农业部"美丽乡村"创建目标体系》，其将"美丽乡村"目标体系分为总体目标和分类目标。其中，总体目标是以发展农业生产、改善人居环境、传承生态文化、培育文明新风为途径，构建与资源环境相协调的农村生产生活方式，打造"生态宜居、生产高效、生活美好、人文和谐"的示范典型，形成各具特色的"美丽乡村"发展模式，进一步丰富和提升新农村建设内涵，全面推进现代农业发展、生态文明建设和农村社会管理。分类目标是从产业发展、生活舒适、民生和谐、文化传承、支撑保障五个方面设定了20项具体目标，并将原则性要求与约束性指标结合起来。2014年，农业部发布美丽乡村的十大模式，分别是产业发展型、生态保护型、城郊集约型、社会综治型、文化传承型、渔业开发型、草原牧场型、环境整治型、休闲旅游型和高效农业型美丽乡村模式，见表3-21。

表3-21　　　　　　　　美丽乡村十大模式代表乡村

序号	代表模式	代表乡村
1	产业发展型	江苏省张家港市南丰镇永联村
2	生态保护型	浙江省安吉县山川乡高家堂村
3	城郊集约型	宁夏回族自治区平罗县陶乐镇王家庄村
4	社会综治型	吉林省扶余市弓棚子镇广发村
5	文化传承型	河南省孟津县平乐镇平乐村

续表

序号	代表模式	代表乡村
6	渔业开发型	广东省广州市南沙区横沥镇冯马三村
7	草原牧场型	内蒙古自治区西乌珠穆沁旗浩勒图高勒镇脑干哈达嘎查
8	环境整治型	广西壮族自治区恭城瑶族自治县莲花镇竹山村委红岩村
9	休闲旅游型	贵州省兴义市万峰林街道
10	高效农业型	福建省平和县文峰镇三坪村

（1）产业发展型模式。该类型村庄主要在东部沿海等经济相对发达地区，其特点是产业优势和特色明显，农民专业合作社、龙头企业发展基础好，产业化水平高，初步形成"一村一品""一乡一业"，实现了农业生产聚集、农业规模经营，农业产业链条不断延伸，产业带动效果明显。

（2）生态保护型模式。该类型村庄主要是在生态优美、环境污染少的地区，其特点是自然条件优越，水资源和森林资源丰富，具有传统的田园风光和乡村特色，生态环境优势明显，把生态环境优势转变为经济优势的潜力大，适宜发展生态旅游。

（3）城郊集约型模式。该类型村庄主要是在大中城市郊区，其特点是经济条件较好，公共设施和基础设施较为完善，交通便捷，农业集约化、规模化经营水平高，土地产出率高，农民收入水平相对较高，是大中城市重要的"菜篮子"基地。

（4）社会综治型模式。该类型村庄主要在人数较多、规模较大、居住较集中的村镇，其特点是区位条件好、经济基础强、带动作用大、基础设施相对完善。

（5）文化传承型模式。该类型村庄主要集中在具有特殊人文景观，包括古村落、古建筑、古民居以及传统文化的地区，其特点是乡村文化资源丰富，具有优秀民俗文化以及非物质文化，文化展示和传承的潜力大。

（6）渔业开发型模式。该类型村庄主要在沿海的传统渔区，其特点是产业以渔业为主，通过发展渔业促进就业，增加渔民收入，繁荣农村经济，渔业在农业产业中占主导地位。

（7）草原牧场型模式。该类型村庄主要在我国牧区半牧区县（旗、市），占全国国土面积的40%以上。其特点是草原畜牧业是牧区经济发展的基础产业，是牧民收入的主要来源。

（8）环境整治型模式。该类型村庄主要在农村脏乱差问题突出的地区，其特点是农村环境基础设施建设滞后，环境污染问题严重，当地农民群众对环境整治的呼声高、反应强烈。

（9）休闲旅游型模式。该类型主要是在适宜发展乡村旅游的地区，其特点是旅游资源丰富，住宿、餐饮、休闲娱乐设施完善齐备，交通便捷，距离城市较近，适合休闲度假，发展乡村旅游潜力大。

（10）高效农业型模式。该类型村庄主要在我国的农业主产区，其特点是以发展农业作物生产为主，农田水利等农业基础设施相对完善，农产品商品化率和农业机械化水平高，人均耕地资源丰富，农作物秸秆产量大。

3. 特色小镇发展状况

伴随新农村建设以及美丽乡村的推进，部分地区依托自身的优势资源，强化产业与生态的融合，涌现出了一批独特的产业小镇。2016年11月，国家发展改革委在《关于加快美丽特色小（城）镇建设的指导意见》中指出，总结推广浙江等地特色小镇发展模式，立足产业"特而强"、功能"聚而合"、形态"小而美"、机制"新而活"，将创新性供给与个性化需求有效对接，打造创新创业发展平台和新型城镇化有效载体。

特色小镇并无统一明确的定义，一般是指依托特色产业和环境因素，打造具有明确的产业定位、文化内涵、生态环保和社区居住功能的综合项目。2016年，特色小镇逐步扩散至全国，并由国家发展改革委、财政部以及住建部共同确定出第一批127个中国特色小镇名单（见表3-22）。

表3-22　　　　　　2016年第一批中国特色小镇名单

地区	特色小镇	地区	特色小镇
北京市	房山区长沟镇、昌平区小汤山镇、密云区古北口镇	湖北省	宜昌市夷陵区龙泉镇、襄阳市枣阳市吴店镇、荆门市东宝区漳河镇、黄冈市红安县七里坪镇、随州市随县长岗镇

续表

地区	特色小镇	地区	特色小镇
天津市	武清区崔黄口镇、滨海新区中塘镇	海南省	海口市云龙镇、琼海市潭门镇
河北省	秦皇岛市卢龙县石门镇、邢台市隆尧县莲子镇镇、保定市高阳县庞口镇、衡水市武强县周窝镇	广东省	佛山市顺德区北滘镇、江门市开平市赤坎镇、肇庆市高要区回龙镇、梅州市梅县区雁洋镇、河源市江东新区古竹镇、中山市古镇镇
山西省	晋城市阳城县润城镇、晋中市昔阳县大寨镇、吕梁市汾阳市杏花村镇	广西壮族自治区	柳州市鹿寨县中渡镇、桂林市恭城瑶族自治县莲花镇、北海市铁山港区南康镇、贺州市八步区贺街镇
内蒙古自治区	赤峰市宁城县八里罕镇、通辽市科尔沁左翼中旗舍伯吐镇、呼伦贝尔市额尔古纳市莫尔道嘎镇	湖南省	长沙市浏阳市大瑶镇、邵阳市邵东县廉桥镇、郴州市汝城县热水镇、娄底市双峰县荷叶镇、湘西土家族苗族自治州花垣县边城镇
辽宁省	大连市瓦房店市谢屯镇、丹东市东港市孤山镇、辽阳市弓长岭区汤河镇、盘锦市大洼区赵圈河镇	重庆市	万州区武陵镇、涪陵区蔺市镇、黔江区濯水镇、潼南区双江镇
吉林省	辽源市东辽县辽河源镇、通化市辉南县金川镇、延边朝鲜族自治州龙井市东盛涌镇	陕西省	西安市蓝田县汤峪镇、铜川市耀州区照金镇、宝鸡市眉县汤峪镇、汉中市宁强县青木川镇、杨陵区五泉镇
黑龙江省	齐齐哈尔市甘南县兴十四镇、牡丹江市宁安市渤海镇、大兴安岭地区漠河县北极镇	贵州省	贵阳市花溪区青岩镇、六盘水市六枝特区郎岱镇、遵义市仁怀市茅台镇、安顺市西秀区旧州镇、黔东南州雷山县西江镇
上海市	金山区枫泾镇、松江区车墩镇、青浦区朱家角镇	云南省	红河州建水县西庄镇、大理州大理市喜洲镇、德宏州瑞丽市畹町镇
江苏省	南京市高淳区桠溪镇、无锡市宜兴市丁蜀镇、徐州市邳州市碾庄镇、苏州市吴中区甪直镇、苏州市吴江区震泽镇、盐城市东台市安丰镇、泰州市姜堰区溱潼镇	山东省	青岛市胶州市李哥庄镇、淄博市淄川区昆仑镇、烟台市蓬莱市刘家沟镇、潍坊市寿光市羊口镇、泰安市新泰市西张庄镇、威海市经济技术开发区崮山镇、临沂市费县探沂镇

续表

地区	特色小镇	地区	特色小镇
浙江省	杭州市桐庐县分水镇、温州市乐清市柳市镇、嘉兴市桐乡市濮院镇、湖州市德清县莫干山镇、绍兴市诸暨市大唐镇、金华市东阳市横店镇、丽水市莲都区大港头镇、丽水市龙泉市上垟镇	四川省	成都市郫县德源镇、成都市大邑县安仁镇、攀枝花市盐边县红格镇、泸州市纳溪区大渡口镇、南充市西充县多扶镇、宜宾市翠屏区李庄镇、达州市宣汉县南坝镇
安徽省	铜陵市郊区大通镇、安庆市岳西县温泉镇、黄山市黟县宏村镇、六安市裕安区独山镇、宣城市旌德县白地镇	甘肃省	兰州市榆中县青城镇、武威市凉州区清源镇、临夏州和政县松鸣镇
福建省	福州市永泰县嵩口镇、厦门市同安区汀溪镇、泉州市安溪县湖头镇、南平市邵武市和平镇、龙岩市上杭县古田镇	河南省	焦作市温县赵堡镇、许昌市禹州市神垕镇、南阳市西峡县太平镇、驻马店市确山县竹沟镇
江西省	南昌市进贤县文港镇、鹰潭市龙虎山风景名胜区上清镇、宜春市明月山温泉风景名胜区温汤镇、上饶市婺源县江湾镇	新疆维吾尔自治区	喀什地区巴楚县色力布亚镇、塔城地区沙湾县乌兰乌苏镇、阿勒泰地区富蕴县可可托海镇
西藏自治区	拉萨市尼木县吞巴乡、山南市扎囊县桑耶镇	宁夏回族自治区	银川市西夏区镇北堡镇、固原市泾源县泾河源镇
青海省	海东市化隆回族自治县群科镇、海西蒙古族藏族自治州乌兰县茶卡镇	新疆生产建设兵团	第八师石河子市北泉镇

从地理类型来看,特色小镇的地理特征分布基本较为均衡。在东部沿海地区主要为平原型特色小镇,长江流域主要为丘陵型特色小镇,中西部地区主要为山区类型特色小镇。从区位特征来看,特色小镇在农业地区较多,大城市及远郊相对较少;同时,大城市近郊的特色小镇在南方要多于北方,而农业小镇则在北方要多于南方。从提供就业岗位来看,长三角、珠三角、环渤海地区的特色小镇在提供就业岗位方面表现突出,对周边地区拉动作用较大。127个特色小镇(5个数据缺失)平均提供的就业岗位为26624个,平均带动周边农村人口就业高达10385个,占全部就业岗位的39%。总体来看,入选的特色小镇的差异性明显,且能够学习复制的省

份和地区也是非常之少。因此,"因地制宜,产城融合,探索创新"仍是小城镇规划、建设和发展的重要途径。

3.4 本章小结

本章根据我国宏观经济体制转变把农村发展的历程从时间上划分为三个发展阶段:以粮为纲发展阶段、市场化发展阶段与新农村建设阶段。在村庄的样本选取上,选取不同时期的农村典型案例分别从生产要素的流动状况、福利水平两个部分进行考察,尤其是对新农村建设时期农村典型样本进行了统计分析。

第一阶段,我国处在工业化的初期,国家工业化依靠提取农业剩余来积累原始资本,农村靠劳动力要素积累进行自我发展。通过户籍制度限制农村劳动力流向城市,人为地把农民约束在土地上从事农业生产。政府对农业的财政支持主要在大型农田水利项目建设上,通过整山治水、农民提供无偿劳动等发展农业生产。在公共福利上则通过推行义务教育、合作医疗等措施由政府提供低水平的农民生活保障。

第二阶段,农村发展目标从温饱逐渐向小康过渡,如何增加农民收入成为主要问题,生产要素流出加快,公共物品供给能力降低。生产要素不断地从农村流向城市,农村土地成为地方政府的重要财政收入来源;农村劳动力外出务工增加人口净流出加剧;农村资本以储蓄、工农产品价格"剪刀差"、农民定居城市等方式流出农村。在公共物品供给方面实行市场化改革,生活保障覆盖率有所下降,农民负担有所增加,成为威胁社会稳定的主要因素。

第三阶段,新农村建设为了打破城乡二元社会经济结构,从单纯以经济建设为中心转向以人为本的和谐社会建设。通过加强土地监管力度,让农民分享更多的土地收益;提高农村劳动力工资待遇以及基本生活保障,增加工资性收入比重;鼓励多元化的投资主体对农村进行投资,金融部门提供更多的优惠政策,大力促进资金向农村的流转。政府通过加大公共物品提供力度,从根本上减轻农民负担,全国统一的社会保障体系逐步建立起来。

第 4 章

中国农村发展的阶段比较

4.1 社会主义新农村建设的比较标准

伴随着我国社会主义市场经济体制的建立，以及社会福利制度市场化改革的推进，农村发展更加依靠市场规则，总体指导思想转向千方百计地增加农民的收入，通过收入增加来提高农民的福利水平。然而农民增收只是表现为购买能力的提高，由于地域、文化等差异，购买力的提高并不必然提高农民的生活水平。我们认为，农村发展的实质是追求人的自我充分、自由、全面发展的长期过程，是政治、经济、文化和环境的全方面发展过程。基于以人为本的发展理念，我们认为新农村建设的核心应当是农民福利水平的增加，而不仅仅是农民收入增加。农民增收难以消除贫富的分化和扩大，也难以形成对乡村组织、文化、政治、生态等的均衡发展，仅体现为一种可衡量的购买能力。

我们认为，新农村建设的核心内容是农民的长效增利过程而非增收过程。农民增利实质是劳动者满足生存需要后对自我发展需求不断得到满足的过程，除了包含农民增收的全部内容，同时也包含了非货币购买特征，例如生态环境、水质、乡村文化、邻里亲情等精神财富与公共物品和服务。

4.2 中国新农村建设的福利目标分解

我国社会主义新农村建设的根本动力是生产的发展，根本目标是农民生活宽裕、美好，即核心目标仍然是千方百计地增加农民收入，最终达到城乡居民的收入水平差距缩小或者持平。因此，以农民增收为目标的农村发展战略可以被分解为增收、增利、减负三个目标。农村居民的收入与消费分类见表4–1。

表4–1　　　　　　　　农村居民的收入与消费分类

	农民需求方特点	资金供给方特点	政府职能特点	制度改革重点
农村居民收入来源	工资性收入	劳动回报	培训、工会	农民合作机制
	农业生产	劳动、土地回报	科技投入、总量调控和监管	农业稳定发展调整机制
	土地	土地回报	增加农民的补偿费用	人民监督政府机制
	非农经营收入	资本回报	放宽经营条件和范围	农村放活机制
	其他收入	其他要素回报	创造创业环境	农村放活机制
农村居民支出去向	农业生产经营投入	刚性支出	低费农资	直补发放机制
	家庭生活消费	刚性支出	低费物资	食物价格机制
	医疗	刚性支出	低费医疗	医疗改革
	教育	富有弹性支出	低费教育	住房改革
	住房	刚性支出	低费住房	教育改革
	公共基础设施和服务	富有弹性支出	免费设施与服务	公共投资机制
	非必需品或奢侈品	富有弹性支出	级差物资	市场调控机制

农民收入主要来自要素的回报，包括土地、劳动、资本和其他形式的要素收入，提高农民收入的途径必然要增加生产要素的回报率。回报率主要取决于生产要素的价格，生产要素的价格又是由市场组织程度、政府参与程度、市场环境、供求关系等多因素决定的。随着工资性收入在农村居民家庭收入中所占比例逐渐增高，其将成为农民收入的重要组成部分。

农民的支出去向可以按照投入资金意愿的大小分为富有弹性支出和刚

性支出，我们认为劳动者为了维护自身的再生产而进行的投入为刚性支出，这种支出作为再生产的必要投入往往规模难以压缩，在总量上保持相对稳定。对自身再生产能力的提升而进行的支出则为富有弹性支出，这种支出随着收入的增减而变化，是内需的重要组成部分。农民必须首先完成刚性支出后，才能增加对富有弹性商品的支出，从而带动市场的需求变化。因此，千方百计增加农民收入，引导农民提高物质和文化需求，努力提升农村生产生活环境，才能真正扩大农村内需市场，进一步提升农民的福利水平。

4.3 中国农村建设不同阶段的比较

4.3.1 产业结构比较

1. 产业分化指数概念

我们设 AGRI 为农业收益占农村总产值的比例，INDUS 为工业部门收益占农村总产值的比例，SIDEL 为第三产业收益占农村总产值的比例。通过比较三个部门利润比例之间的差异，我们能看到不同村庄的发展程度以及生产结构。

令 $A = \text{AGRI} - \text{INDUS}$，$B = \text{AGRI} - \text{SIDEL}$，$C = \text{INDUS} - \text{SIDEL}$，则有 $H = \sqrt{A^2 + B^2 + C^2}$，其中 H 为分化指数，用来表示村庄的产业群集效应和发展深度。

我们认为 H 值越大，则社区各个生产部门之间效益差异越大，农村生产部门越倾向于专业化；反之，H 值较小，则生产存在较小的聚集度，专业化不明显，产业涉及范围较广。当 $0 < H < 1$ 时，农村社区产业结构分化不明显，没有形成一定的产业聚集效应，产业结构处于不断的调整区间。当 $H > 1$ 时，农村社区的产业结构逐步明朗，专业化生产形成了相关产业群，产业深度加强。在系统学中，两个子系统之间要素交换越频繁，则系统越复杂，功能表现越完备，母系统的层级也就越高。

2. 典型村庄产业分化指数比较

江苏省华西村经过几十年的水土整治,并在1970年开始注重农业机械化推行和多种产业经营策略推广,到1978年已经彻底从单纯的农业生产经营转向了工业、副业和服务业多种经营。其中第一产业的比例逐年下降,1978~1985年农业产业比重迅速下降,产业分化加速,分化指数从0.78增加到1.20,进入20世纪90年代第三产业的比重已经占到99%以上,华西村的产业分化进入专业分化的高级阶段(见表4-2)。

表4-2　　　　　华西村三次产业的结构分析

年份	第一产业(%)	第二产业(%)	第三产业(%)	分化指数
1961	100.00	0.00	0.00	1.41
1975	23.10	26.50	50.40	0.36
1978	26.60	0.00	63.40	0.78
1985	1.00	9.33	89.66	1.20
1989	0.27	0.63	99.10	1.40

比较而言,河南省刘庄第二产业的发展速度较快,其占比从1978年的61%增长到1989年的96.92%,同样第一产业比重逐年下降,改革开放的前十年分化指数迅速从0.74增加到1.36,因此刘庄的产业发展也进入了专业化高级阶段(见表4-3)。

表4-3　　　　　刘庄三次产业结构分析

年份	第一产业(%)	第二产业(%)	第三产业(%)	分化指数
1978	38.00	61.00	1.00	0.74
1986	13.20	85.10	1.70	1.11
1988	2.10	97.50	0.40	1.36
1989	2.67	96.92	0.41	1.35

总体来看,改革开放前我国长期以来"以粮为纲"的指导思想限制了其他产业的发展,单一的农业产业是所有村庄唯一产业,因此分化指数比较大。改革开放后,我国农村迅速地出现经济社会结构的分层现象,因此表现出H值的降低,随着村庄产业结构的调整和固定,产业的聚集效应逐

步显现，H 值逐步增加。

3. 我国三次产业分化指数与 GDP 关系

改革开放以来，我国第一产业呈现逐渐降低的趋势，第二、第三产业逐步升高。产业分化程度经历了先降低然后升高的过程，反映了我国产业发展逐步摆脱了"以粮为纲"指导思想后，工农部门不断的分化，至 1990 年我国的第二、第三产业完成了初级聚集。从调整路径反映的时间来看，这也比较符合我国农村乡镇企业的发展历程。(1) 1978 年以后，我国农村社队企业进入迅速发展时期。1979 年，国务院公布了《关于发展社队企业若干问题的规定》，为社队企业制定了包括税收优惠、资金扶植等一系列优惠政策，为社队企业的发展创造了有利的基础。(2) 从 1988 年下半年开始，政府进行了"治理经济环境，整顿经济秩序"工作，经济开始紧缩。从 1989 年起，国家对乡镇企业在税收、信贷方面的支持和优惠措施减少，压缩基本建设，并明确提出"乡镇企业发展所需的资金，应主要靠农民集资筹措"。据统计，仅 1989 年，就有 300 多万个乡镇企业被关闭或停产，2 万多个乡镇企业的在建项目被暂停，这种状态一直持续到 1991 年初，随着治理整顿工作的结束，政府对乡镇企业发展的限制性金融、财政政策逐渐放开，特别是从 1992 年开始，经济体制从传统的计划经济向市场经济转变，乡镇企业有了更宽松的发展环境。(3) 1993 年 2 月，国务院公布了《关于加快中西部地区乡镇企业发展的决定》，提出要把加快乡镇企业发展作为中西部地区经济工作的重点，并在产业政策、信贷政策等方面给予扶持。其后，政府连续发文充分肯定了乡镇企业的作用，为其发展创造了良好的条件。1995 年以后，乡镇企业进入稳定发展时期。

4. 产业分化与我国国内生产总值的线性回归模型

样本数据来自《中国统计年鉴（2016）》，采用 1978~2015 年国内生产总值数据，分化系数的计算来自年鉴中三次产业提供的产业总值计算。

模型采用的形式为 $y = a + \beta x + u$，其中 y 为国内生产总值，x 为三次产业的分化指数，结合上面的数据，利用 EViews 软件统计，消除自回归后可得产业分化线性回归结果，如表 4-4 所示。

表 4-4　　　　　　　　中国三次产业分化线性回归结果

变量	回归系数	标准差	t 检验值	P 值检验
α	-394345.0	63037.62	-6.255709	0.0000
β	14897.59	1660.18	8.973498	0.0000
R^2	0.69	被解释变量的均值		149926.6
调整后 R^2	0.68	被解释变量标准差		187869.0
回归标准差	105864.1	Akaike 信息准则		26.03
残差平方和	4.03×10^{11}	Schwarz 准则		26.12
对数似然函数	-492.55	F 统计量		80.52
杜宾检验	0.15	F 统计量概率		0

由表 4-4，可得 $y = -394345.0 + 14897.59x$，
　　　　　　　　 (-6.256)　　(8.97)

其中，$R^2 = 0.69$，$\bar{R}^2 = 0.68$，$F = 80.52$。

从回归结果看，可决系数、调整后的可决系数很大，模型的拟合度良好，整体的回归效果显著。这说明我国三次产业的分化与我国 GDP 的增长有着重要的正相关关系（见图 4-1）。具体来看，农业产值从 1978 年开始逐步下降，而工业化水平和服务业产值不断提高，2006 年我国被认为已经进入工业化中期阶段。

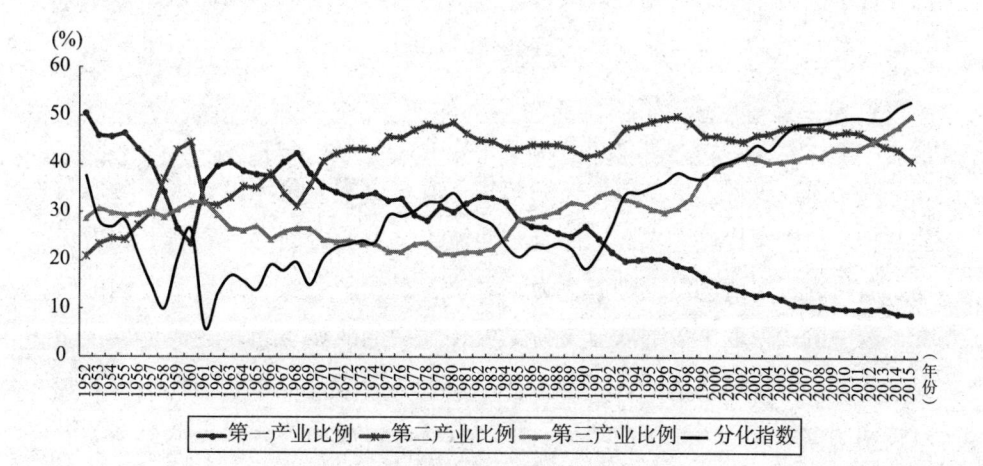

图 4-1　我国国内生产总值与产业结构分化

资料来源：《中国统计年鉴（2016）》。

4.3.2 农村发展框架比较

从我国农村制度环境来看，宏观经济体制经历了从计划经济到市场经济的转变，微观经济体制从"三级所有，队为基础"的集体经济过渡到家庭联产承包责任制。从我国农村的内部结构变迁来看，农村发展指导思想从"以粮为纲"转向"新农村建设"，进而进入之后的"美丽乡村"建设，生产要素的流动从单向流出转向双向流动。

1. 内在驱动力比较

根据我国农村历史变迁特征以及农村发展的宏观战略目标，我们把我国农村发展划分为三个阶段，这三个阶段清晰地展现出我国农村发展由唯生产力发展框架向以人为本的转变。第一阶段是优先工业化目标下城乡二元社会经济结构内以农业发展动力为划分依据的农村发展模式；第二阶段是市场化改革目标下伴生路径依赖的以生产力发展动力为划分依据的农村发展模式；第三阶段是和谐社会目标下城乡统筹框架内以公共物品提供为划分依据的农村发展模式。

综合来看，我国农村财政支持力度不断增强，但总体资金仍然供给不足，资本供给能力未得到有效改善，劳动力结构性过剩的局面短期依然难以得到有效改善，土地非农化的进程持续加剧。

2. 生产要素比较

第一阶段表现为城乡二元体制结构下农村资本大量流出，大部分农村公共物品由国家提供。农业产品剩余净流出，农业劳动力在农村系统内流动，农村内资本活动受到抑制。为了尽快实现我国由农业国向工业国的转变，这一阶段采取了内部农业支持工业化发展的战略思想，进而形成了城乡二元社会经济结构。通过"农业学大寨""四清""反右"等手段加强宣传和制度约束；通过统购统销、限制农村人口流动等方式提取更多的农村剩余；通过兴修水利、农业机械化等措施来大力发展农业。

这一时期的典型特点是农民作为农业剩余的制造者在发展农业以及基

础设施建设上发挥了重要的作用,使我国在资本严重缺乏的情况下以极小的代价完成了农业基础建设。而农民本身则由于缺乏资本积累,大部分处于贫困和极度贫困之中。这一阶段的农村发展模式可以概括为三种,即农业机械化模式、牧渔林茶花发展模式、村庄工业化模式。

第二阶段表现为城乡二元体制结构松动下生产要素的整体流出,农村公共物品主要由农民自己负担。农业劳动力流出农村,但依然保留农民身份;农村资金主要来源于工资与家庭经营收入,通过储蓄、教育、医疗等方式流出农村;土地被外来资本廉价使用并引发资本外流。

这一阶段农村土地实行家庭联产承包责任制,经济结构逐步向市场化方向迈进,全国的工作重心由"以阶级斗争为纲"转移到"以经济建设为中心"上来。原有的城乡二元经济社会结构在经济上有所突破,但是由于在制度上存在着路径依赖,"重城市轻农村"与"重工业轻农业"的现象依然没有得到有效的改观。生产力作为衡量农村发展的唯一指标,农村人口的自由流动使农村与城市之间的交换增加,而统购统销制度的废除增加了农村资本积累的可能性。

这一时期的典型特点是工农业产品价格的"剪刀差"依然存在,工农业产品和劳动力在流动中存在不平等交换。资金通过储蓄、产品交换、购买公共物品等渠道流出农村,村庄集体土地非农化和地方工业化作为资本积累方式逐渐加剧,劳动力通过劳务输出获取低廉工资成为农村的主要资金输入流。

这一阶段的发展模式按照要素流动划分的话,主要包括五种,即土地非农化模式、银行信贷支持模式、劳务输出模式、高附加值农业发展模式和地方工业化模式。

第三阶段表现为城乡一元化框架下生产要素双向流动,公共物品提供主体多元化。农村劳动力加速变为市民,农民数量减少;农村资金主要以固定资产、福利等形式保留在农村;对外来资本占用土地进行制度化规范,节制资本的外流。

这一阶段完全摒弃了农村发展唯生产力趋向而转向城乡统筹和谐发展的以人为本的战略思路,把增加农民收入和提高农民的生活质量作为新农村建设的根本目标。未来将逐步打破城乡二元经济社会结构,工业反哺农业，城市反哺农村，最终实现城乡一元化经济社会结构。

长期以来，农村发展模式的划分主要集中在农村的发展资金来源以及农民收入，这种划分方式往往见物不见人，忽略了经济发展的根本目标是为人服务的。因此，除了关注农村生产力发展外，更应当注意经济社会的可持续发展、人居环境和人自身的发展三方面的内容。

由图4-2可以看出，我国城乡居民的收入差距在改革开放后缓慢增加，由于农村家庭联产承包责任制的实行，农业收入持续增加，农村社会经济发生了重大变化，农民收入一度赶上城市居民。1986年之后，随着农业税收和农民负担的加重以及乡镇企业的大量转制，农民收入增长速度下降，城乡收入差距逐步拉开，到20世纪90年代初开始迅速扩大。

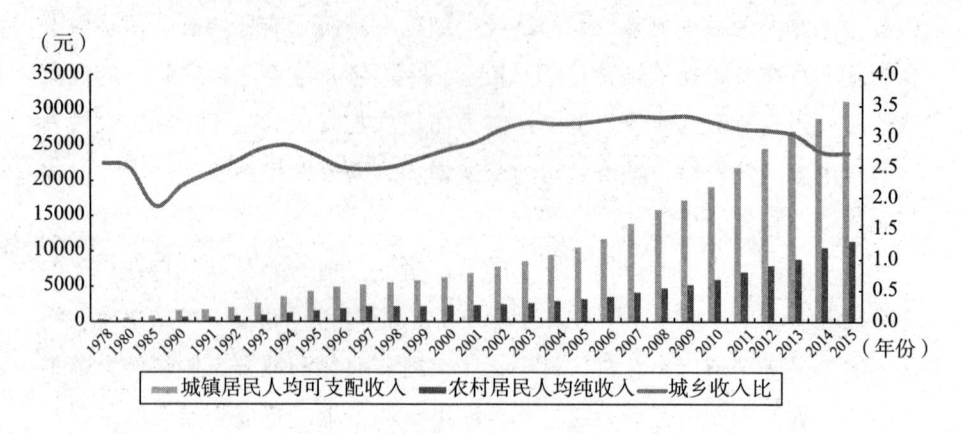

图4-2 我国历年城乡居民收入情况

资料来源：《中国统计年鉴（2016）》。

从城乡收入差距来看，中华人民共和国成立后我国城乡居民的收入差距先后经历了扩大、收缩、再扩大和再收缩四个阶段。改革开放前农村生产严重落后，城乡收入差距有所扩大，改革开放后收入比缓慢增加；到20世纪80年代，随着农村家庭联产承包责任制红利的释放以及绿色革命的兴起，农村居民收入持续增加，农村社会经济发生了巨大变化，城乡收入比一度快速收缩；1986年后，随着农业税收的加重以及乡镇企业的没落，农民收入增速下降，城乡收入差距再次拉开，收入差喇叭口持续扩大；2005年，新农村建设提出以后，城乡居民收入比短期并没有收缩，2009年前城乡收入比一度达到峰值3.3，2010年后，农村减负成效持续显现，农民工资性收入占比逐步提高，劳动力加快流动，城乡收入比再次收缩回落。

4.3.3 农村福利比较

1. 农村医疗比较

改革开放以前，我国农村主要为合作医疗。中华人民共和国成立初期，全国百废待兴，农村贫穷、农民疾苦，几乎人人病不起。一些农民受到"借工""互助"的启示，自己组织起来各家各户出点钱，没钱的出鸡蛋、粮食，找一两个乡医组织起来成立村医疗站。乡医是兼职的，社员看病免费。我国农村正式出现的具有医疗保险性质的合作医疗制度是在1955年农业合作化高潮时期。在农村集体经济制度下，农村三级医疗网络逐渐建立，培养出了一批土生土长的赤脚医生。随着农业合作化的发展，1958年全国兴起了举办合作医疗的第一次浪潮。至1962年，合作医疗的覆盖率将近达到50%，到20世纪70年代中期合作医疗的覆盖率达到90%。

改革开放以后，农村医疗迅速衰退，农村市场化医疗体系开始建立。20世纪80年代，农村家庭联产承包责任制的建立使合作医疗失去了赖以生存的经济基础，合作医疗迅速走向衰落。1985年合作医疗的覆盖率只有5.4%，到1989年覆盖率下降到4.8%。全国医药费减免村的比重从1978年的82%下降到1996年的17.6%（周寿祺，2002）。在服务方面，卫生部门提出"按经济规律办事"，在"只给政策，不给钱"的导向下，医疗机构在政府补偿不足的情况下走上了创收之路。个人负担明显加重，个人现金卫生支出占卫生总费用的比重，从1978年的20.4%上升到1993年的42.2%，结果相当数量的群众缺失了医疗保障。

2. 农村教育比较

改革开放以前，农村教育体系快速发展并覆盖全国，教育负担相对较轻。中华人民共和国成立初期，在国家教育"向工农开门"的方针指导下，农民群众贯彻"政府指导，依靠群众组织，联合各方面协力进行"的原则，采取正规教育与非正规教育相结合、普通教育与业余教育相结合、集中学习与分散教育相结合等多种教育形式,大力发展农村教育。这一时期的农村教育不仅是为解决农民子女入学的学校教育,实际上是一种覆盖全体农村居民的教育体系。农村集体和农民群众通过各种方式筹集资金,办起了诸如社办中小学及幼儿园、识字班、扫盲班、民校、技术夜校、农民业余学校等各级各类学校,使农村教育成为一场广泛的群众运动。

改革开放以后,农村教育负担有所增加,个人是教育投入的主力军。1978年家庭联产承包责任制取代了政社合一的集体经济,但其并没有为农村公共物品的有效提供起到推动作用。2002年,在教育投入总量9248亿元中,国家投入3107亿元(33.6%);社会投入346亿元(3.7%);个人投入5795亿元(62.7%)。就总量而言,国家投入于小学的经费最多,共1120亿元,占36.0%;然后依次为大学占23.6%,初中占22.6%,高中占12.5%,中专占4.0%,幼儿园占1.3%。[①]

3. 农民负担比较

中华人民共和国成立后,社队时期农村公共物品的提供主要依靠自上而下的供给决策机制,生产公共物品的物质成本由制度外收入——"三提五统"及"一事一议"的各项临时收费、摊派来提供,人力成本则是由农民的义务劳动来补偿(吴士健等,2002)。我国农民的负担主要体现在国家的粮食征购上,由于中华人民共和国成立初期我国农业生产条件恶劣,粮食产量长时间没有大幅度提高,不少村庄只能吃返销粮。农民家庭的私人生产资料很少,据统计1978年我国农村家庭支出费用中84%为食物消费,6%用于农业生产投资,只有10%的支出用于私人生活用品的消费。农产品剩余被大量提取以支持工业发展,加上劳动者无偿地为村庄内部的农田水利基建与山河整治做贡献,造成了农村几乎难以有公共积累。

改革开放后,农民负担包括缴纳各种农业税——农牧业税、契税、农业特产税和耕地占用税。除此之外,农民还得负担"三提五统"以及其他"一事一议"的公益事业的集资,每年每人提供5~10个义务工,10~20个积累工。根据农业部《农村合作经济统计资料》计算,1994~1997年农

[①] 《中国教育经费统计年鉴(2003)》。

民人均直接负担的国家税收年均数是1993年的2.41倍,人均纯收入是1993年的1.91倍,税收增长速度明显快于收入的增长速度。1998年国家统计局在对典型地区的调查数据显示,村提留、乡统筹的总额比20世纪80年代中期增加了10倍多,年均增长13.9%,1994~1997年的农民直接负担的行政事业性收费、集资摊派的平均数是1993年的2倍以上,其中集资摊派更是达到了3.38倍,均高于同期农民纯收入的增长幅度。2000年农村劳动力承担的两工也在逐年上升,平均义务工和积累工由16.4个上升至18.2个,个别年份达到23个以上,折合现金人均负担增加到89.3元,是1994年的2.3倍,仅1997年农民提供的劳务积累价值达817亿元,而农民收入的增长速度却从1996年开始连续下滑。[①]

自2004年开始,我国政府开始实行减征或免征农业税的惠农政策,农民负担大幅下降。2005年12月29日,第十届全国人大常委会第19次会议经表决决定,《中华人民共和国农业税条例》自2006年1月1日起废止,农业税全面取消。农村税收从农牧业税为主的结构,快速转向以契税和耕地占用税为主的结构,农民负担问题得到有效解决(见图4-3)。

4. 农业基础设施建设比较

中华人民共和国成立后,农业新技术、灌溉设施、大型农用机械等供给不足,特别是在经济落后的地区,这种现象尤为严重。鉴于之前农田水利基础设施严重不足导致的灾害不断,中央政府发出了"农业学大寨"的号召,发扬斗天战地的精神,通过动员集体人员的力量,修筑河堤、水坝、开荒治山等活动,收到了良好的效果。在提供诸如大江大河的治理、治理水土流失及土地沙化、防护林建设、生态保护等农村纯公共物品时,政府通过全国劳动力的合理调动成功地完成了许多重大工程项目的修建。在计划经济时期,国家重视以灌溉排水为重点的农田水利建设。农业灌溉面积从1949年初期的1600万公顷增长到1980年的4490万公顷,农业用水从1949年初期的1000亿立方米增长到1980年的3912亿立方米。这一

---

① 雷晓康. 农村公共物品提供机制的内在矛盾及其解决思路 [J]. 西北农林科技大学学报(社会科学版),2003,3 (2):123.

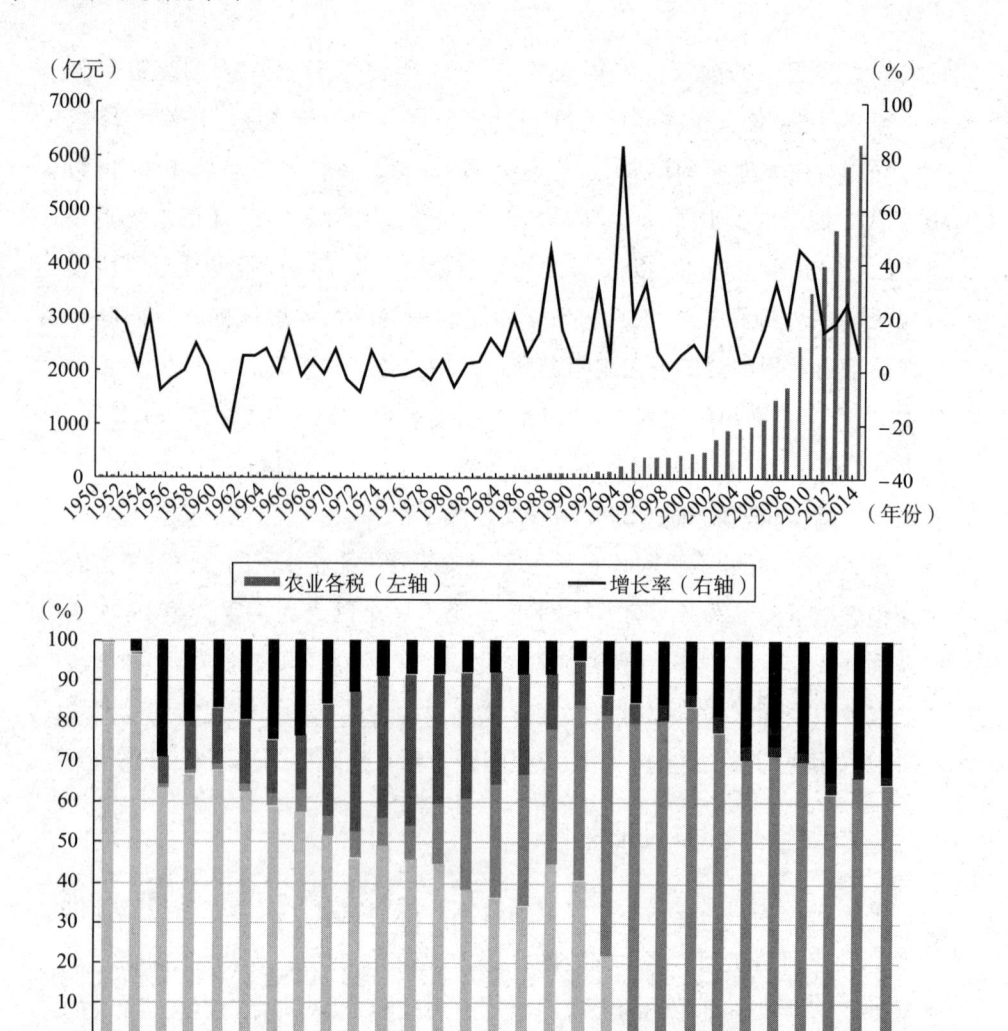

图 4-3 我国历年各项农业各税及税收结构变化情况

注：农业各税包括农业税、牧业税、耕地占用税、农业特产税、契税和烟叶税。
资料来源：《中国农村统计年鉴（2015）》。

时期农田水利建设卓有成效，供求差距不断缩小（王亚华、胡鞍钢，2011）。从农业生产率来看，1953~1981 年农业生产总值在 10% 以内，经过改革开放后的十年飞速增长，进入 2000 年后放缓，新农村建设提出后增速提升至 10% 左右（见表 4-5）。从农村水利设施来看，1949~1979 年，我国建造水库 8.6 万座，修建堤防、海塘 16.5 万公里，塘坝 640 万处，总库容量从 1950 年的 6000 万立方米增加到 1979 年的 4000 亿立方米，增加了 6000 多倍，建设万亩以上的灌区 5200 多处，灌溉面积达到 7.2 亿亩（李伯宁，1981）。进入 20 世纪 80 年代，基础水利设施增长放缓，从乡办水电站数量来看建设基本停滞，2008 年之后有所增长（见图 4-4）。

表 4-5　　　　　　　　我国历年农村生产增长率　　　　　　　　单位:%

项　目	农业总产值	灌溉面积	农村用电量	基本建设新增固定资产
1953~1957 年	4.50	80.90	22.90	32.90
1958~1965 年	1.20	24.90	50.60	2.70
1966~1978 年	4.00	7.70	15.90	6.40
1979~1981 年	5.60	-3.60	13.50	1.40
1981~1993 年	26.58	0.72	18.20	18.02
1994~1997 年	12.65	1.27	8.59	32.78
1998~2003 年	2.79	0.55	11.35	23.87
2004~2007 年	9.15	0.94	10.02	15.07
2008~2015 年	9.15	1.72	6.75	8.31

资料来源:《中国统计年鉴（2016）》。

20 世纪 80 年代以来，农业基础设施建设相对滞后，国家财政对农业投入的增长率在不断下降。1999 年国家财政用于农业的支出只是 1990 年支出的 3.53 倍；1980~2003 年，用于农业支出的数额占财政支出的比重一直徘徊在 10% 左右，但其中有 60% 的财政支农资金用于大江大河的治理和气象事业的发展，农业基本建设支出占当年财政支出的 2% 左右。农业科技三项费用支出年均 2.92 亿元，对于全国 45000 多个乡镇来说，农业基本建设和农业科技三项费用支出每个乡镇仅为 19.27 万元和 6423 元（胡拓坪，2001）。2000 年全国各省（区、市）中，按每公顷可耕地计算的地方财政农业投入最高的为 4850 元，最低的仅为 280 元，相差 17 倍。而其中尤以农业大省（区）财政支农数较低，如内蒙古自治区、河南省、安徽省，每公顷可耕地的财政农业投入在 350 元以下（熊巍，2002）。1978~1998 年，国家的农业基本建设投资总额仅为 994 亿元，占同期国民经济各行业基本

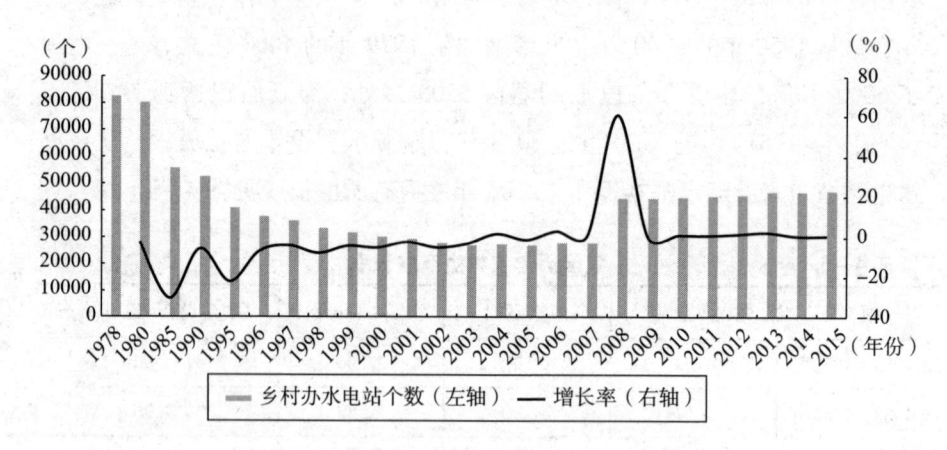

图 4-4 我国历年乡村办水电站个数及增长率

资料来源：《中国农村统计年鉴（2016）》。

建设投资总额的 1.5%。虽然 1999 年和 2000 年国家把这一比重分别提高到 2.4% 和 2.7%，但与其他行业相比，仍然很低。农村的村提留基本上用于支付村干部的工资、补助、管理费用以及各种招待费，而用于农田水利建设、购置生产性固定资产及集体福利的资金却很少。

新农村建设提出以来，中央财政对农业建设投入速度快速提升。从全国农业综合开发投入金额来看，20 世纪 90 年代以来年均增长率基本在 10%，并无较大浮动，但中央财政资金支出占比自 2004 年以来逐年上升，2014 年中央财政支出占比 47.7%，较上个十年提升 15 个百分点以上，见图 4-5。

乡镇财权事权不对等是农民负担加大的另一个重要因素。乡镇政府是我国行政层级中的最低一级，根据《中华人民共和国宪法》规定，乡级政权的职能是领导本乡的经济、文化和各项社会建设，做好公安、民政、司法、文教卫生和计划生育等工作，其职责范围包括了农村社会生活的方方面面。就在事权不断下放的过程中，乡镇一级的财权并没有全部下放。《中华人民共和国预算法》规定地方各级预算按照量入为出，收支平衡的原则编制。但乡镇政府的事权远远大于其所拥有的财权。由于国家财政没有足够的财力支持乡镇建设，划给乡镇的财力只能满足乡镇政府实现其一部分职能，其余所需的资金均由乡镇政府在所辖的村庄内筹集。1994 年的

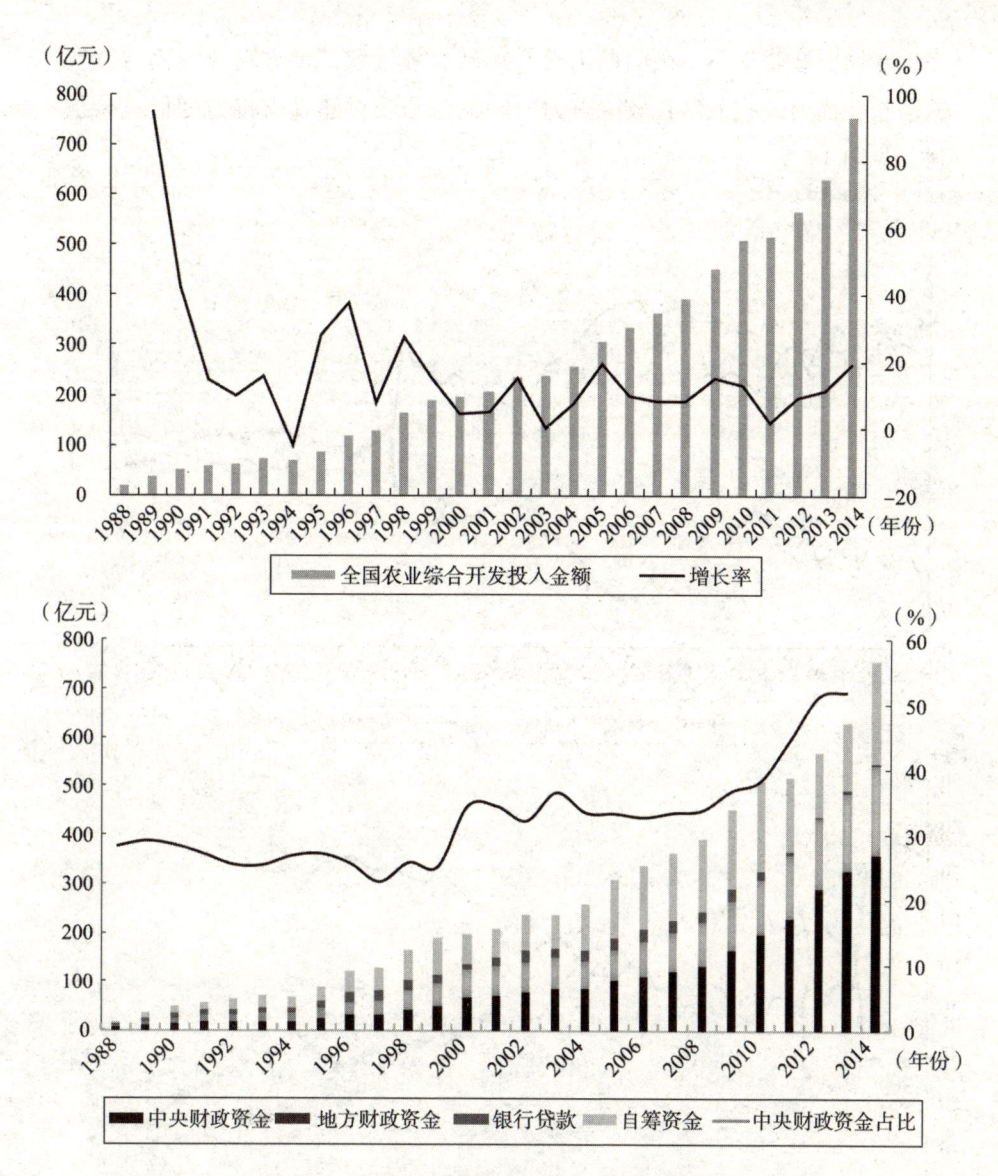

图 4-5　全国农业综合开发投入金额及结构

资料来源：根据《中国财政年鉴（2015）》有关数据计算得出。

分税制改革增加了乡镇财政向上一级县财政上交的份额，使乡镇一级政府的财政收入雪上加霜，事权与财权不对等的局面愈加严重。因此，"五统"及其他各种名目的收费、集资、摊派使农民负担不断加大，这一时期，"三农问题"逐步浮出水面，成为我国中央政府最关心的问题。2003年以来，乡镇财政收支不平衡问题仍没有得到有效缓解，地方财政支出持续快速增长，而财政收入增长较为乏力，中央对新农村建设支持力度仍有待加强，见图4-6。

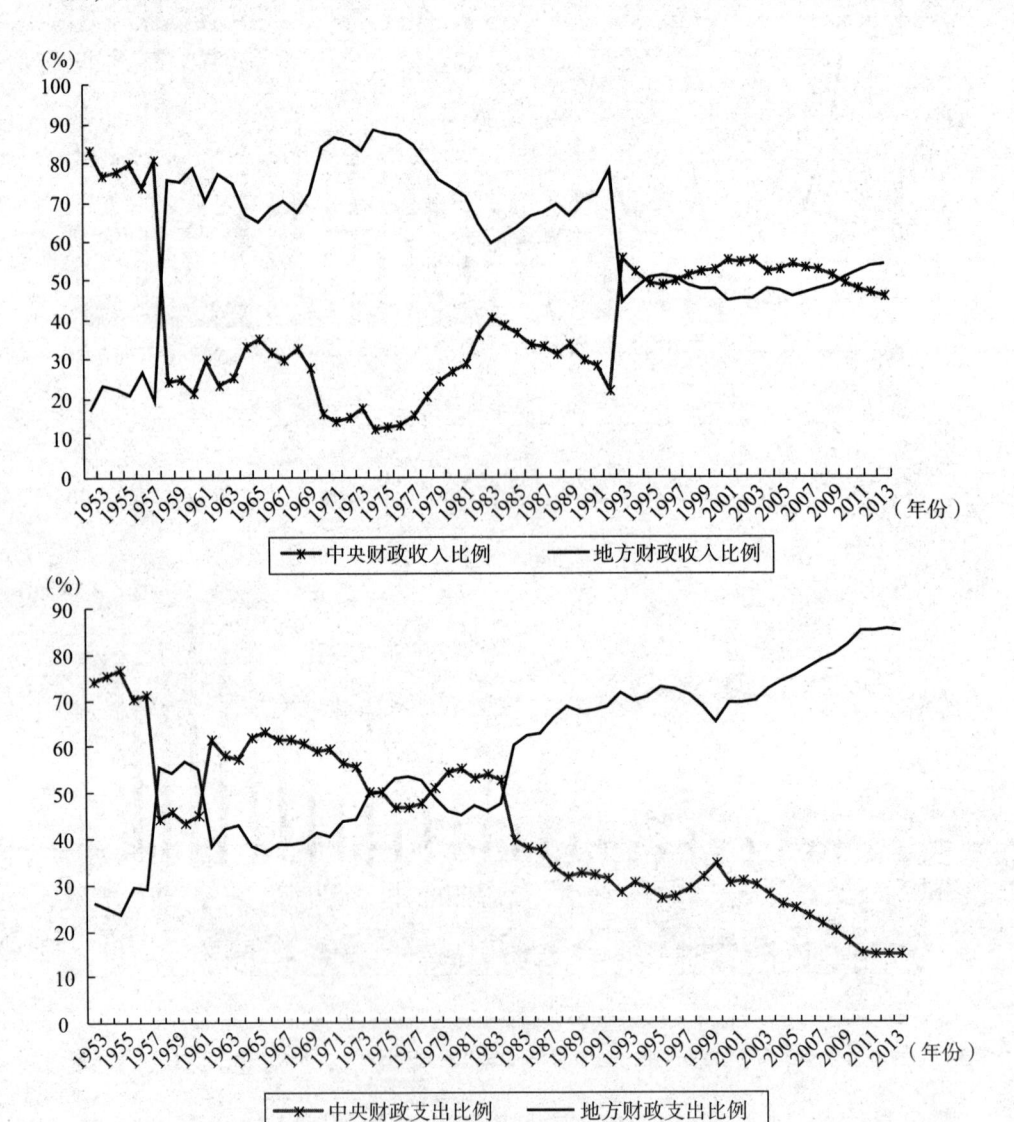

图4-6 历年中央和地方财政收支比重情况

资料来源：《中国财政年鉴（2014）》。

5. 文化事业比较

中华人民共和国成立后我国文化事业蓬勃发展，涌现出一大批优秀作品，"文化大革命"开始后文艺事业遭到严重破坏，直到"文化大革命"结束后才得以恢复。这一时期我国文化事业的重心主要是群众喜闻乐见的各类纪录片、革命电影与反映当时历史斗争以及歌颂社会主义新生活的文艺作品。与农村的集体化伴生的农村居民串门、拉家常以及节日期间的各种地方风俗活动兴盛，尤其是对农村教育的改革促进了农村人人学习的良好风尚。改革开放后农民思想进一步解放，农民从事经济活动时间增加，串门时间减少，电视的普及也减少了村民集中的机会。同一时期中央对农村文化事业的财政支持开始下降。据不完全统计，1978年到2008年6月底，我国共创作生产故事影片4425部，其中农村题材影片438部，约占影片总量的10%。此外，还有农村实用科教片3707部，农村题材的电视电影故事片104部。据调查2002年财政对城市文化建设的投入占总财政投入的比重高达72.9%，超过对农村文化投入的比重45.8个百分点。全国2860个县级市、区中还有49个县无文化馆，562个县文化馆无馆舍，121个县无图书馆，225个县图书馆无馆舍。2001年有697个县级图书馆全年没有购进一册新书，许多文化站除了馆舍和管理人员外，很少能看到报纸、杂志。有些地方的农民"白天听鸟叫，晚上听狗叫"，不信科学信迷信，不读文化科技书籍念佛经，有的地方不建学校建庙宇（高俊书，2005）。2004年以后，我国农村文化传播有增长的态势，尤其是群众业余演出团队的数量大幅增加，年均增长约10%，2009年以后业余演出团队依然保持了稳定增长的态势（见图4-7）。

6. 其他情况比较

新农村建设为农村带来巨大变化，在养老、救灾等方面也与之前存在较大差异，农村生产和生活环境得到了有效改善。2004年之前，养老机构与收养人数基本维持在约2.8万个和40万人，新农村建设实施后农村养老得到快速发展，2007年养老机构与收养人数分别提升至3.5万个和149万人，农村养老保障能力不断提升（见图4-8）。农村社会救助费持续增长，截至2014年农村社会救助费达1092亿元,为2004年的28.84倍,社会保障体系逐步完善。①

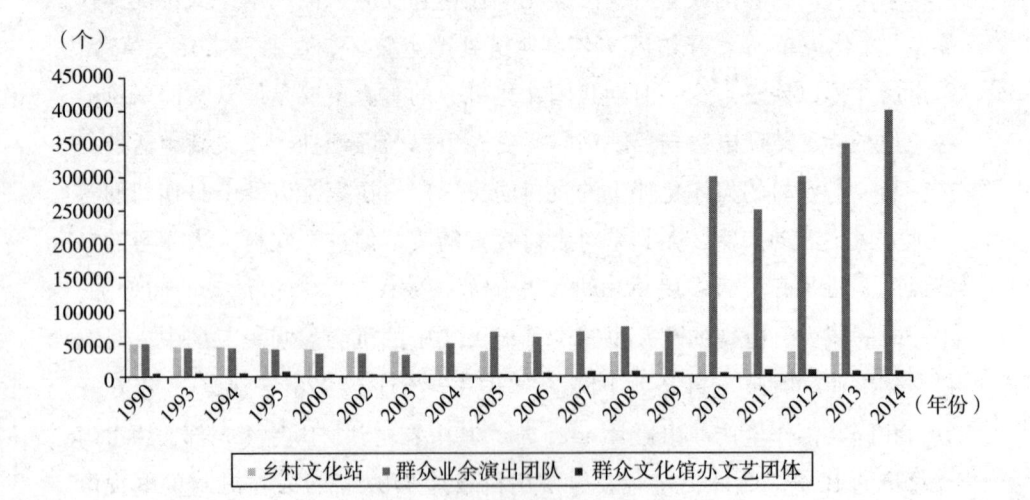

图4-7 我国历年农村文化建设情况

注：2009年以后,群众业余演出团队包括乡镇综合文化站所指导团队。
资料来源：《中国农村统计年鉴（2015）》。

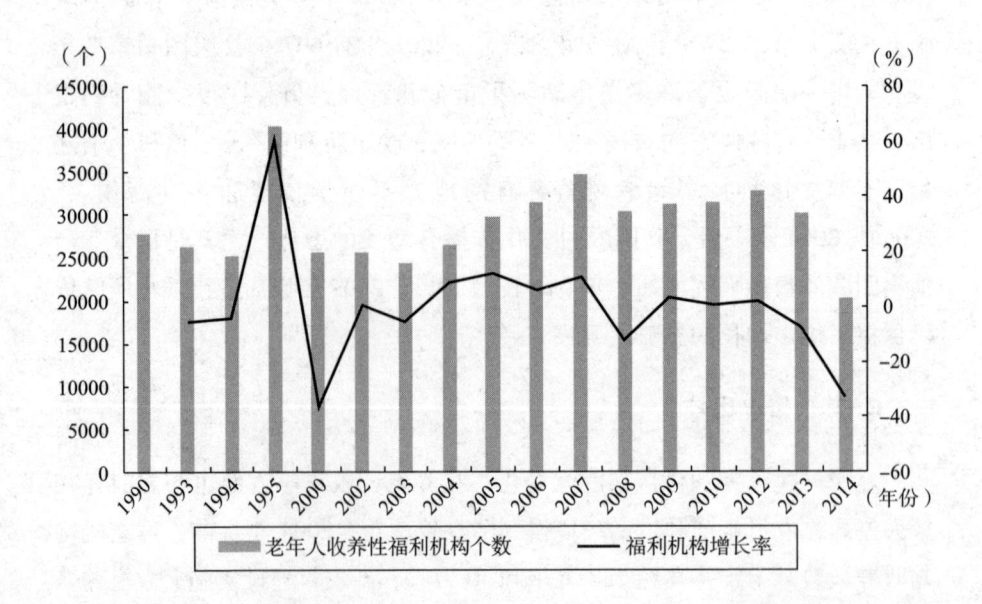

---

① 《中国农村统计年鉴（2015）》。

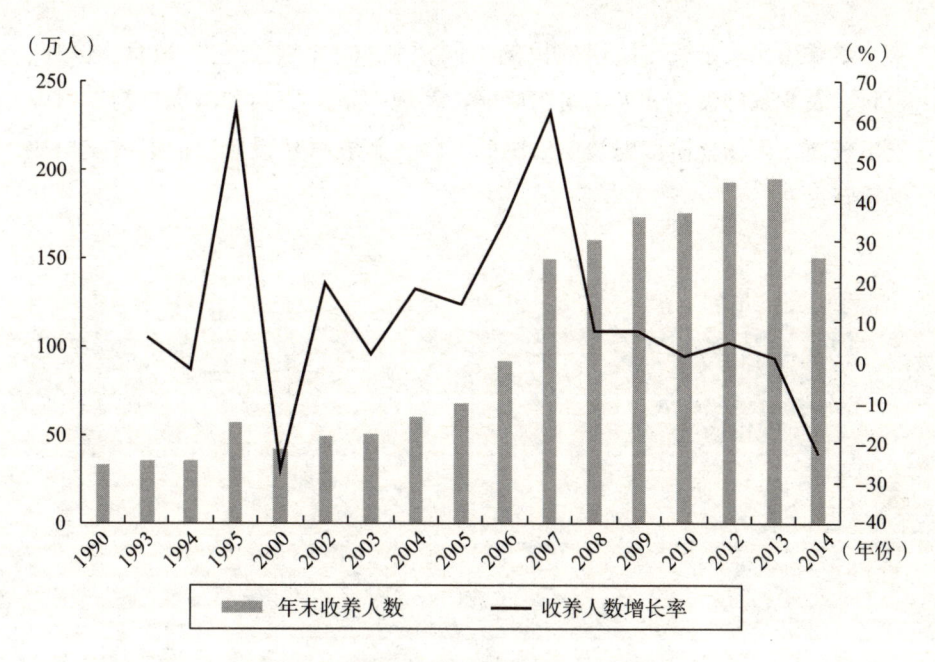

图4-8 我国历年农村养老机构发展情况
资料来源：《中国农村统计年鉴（2015）》。

4.4 本章小结

本章根据新农村建设以人为本的思想核心，对我国农村发展的三个阶段从产业结构、发展框架和福利水平三个标准进行比较。在产业结构上随着村庄的经济发展，专业化水平越高则村庄的富裕程度也越高，而没有一定的产业聚集度则村庄没有形成规模效应难以有较大的发展，一般人均收入就相对较低。

在农村发展的三个阶段具有不同的发展思路，计划经济下我国农村的功能主要是提供农产品剩余支持工业发展，牺牲农业而着眼于国家的工业化。市场经济下我国农村在路径依赖的作用下依旧支持工业发展，而部分公共物品的市场化改革加重了农民的负担。新农村建设时期就是要建立社会主义特色的市场经济，通过工业反哺农业，城市反哺农村，提供更多的公共物品，提高农民的福利水平。

本章还比较了三个阶段农民的不同福利水平，主要包括教育、医疗、税收、农业基础设施和人工组织情况，发现中华人民共和国成立初期财政支出较高，市场化阶段财政支出比例下降，新农村建设阶段的财政支出比例重新提高。

第5章

国外农村建设经验借鉴

5.1 韩国"新村运动"的经验借鉴

韩国"新村运动"发起的社会背景与我国具有很强的相似性,都是在工业化过程中出现了城乡差距拉大、农民收入持续徘徊不增等一系列现象,因此,比较和分析韩国的农村建设经验对我国社会主义新农村建设有重要的意义。

5.1.1 韩国"新村运动"的发展历程

由于韩国与我国国情较为相似,国内众多学者对韩国20世纪70年代的农村发展做了较多研究(郭晓诺,2006;李靖,2007;陆相欣,2007;陶文昭,2007;刘承礼,2007;解安,2007;张存涛,2007;李怡,2007)。一般把韩国"新村运动"的发展历程,按照农村发展的年度、推进顺序、成长阶段分为五个阶段(见表5-1)。

"新村运动"过程是由政府主导,自上而下群众广泛参与的一场乡村重建运动。从主导力量上看,可划分为两个阶段:政府强力筹划推动阶段(1970~1979年)、自主发展和完善阶段(1980年至今)。从农村建设的推进方法来看,可以分成三个阶段:环境改善阶段、增加收入阶段、扩大精神建设阶段。目前,新村运动已经到了第三个阶段,政府已经退出了主导地

表 5-1　　　　　　　　韩国新村运动经历的五个阶段

阶段划分	时间	目标	主要措施	具体项目
基础建设阶段	1970~1973	改善农民居住条件	免费提供水泥 完善村公共事业	修建桥梁、公共浴池、洗衣所、修筑河堤、改善饮水条件、修建房屋和村级公路
扩散扶助阶段	1974~1976	改善和提高居住环境与生活质量	培训各界负责人 调整产业结构	修建村民会馆、自来水设施以及生产公用设施，兴建住房，发展多种经营
充实提高阶段	1977~1980	鼓励民间活动	发展畜牧、农产品加工、特产农业、农村保险业	建设新村运动，增加收入，综合开发事业
自发运动阶段	1981~1988	改善生活文化环境，继续提高农民收入	建立、完善全国性新村运动的民间组织	修建和扩建农村公路、奠定农业机械化基础、开展农水产品流通工程、种植高产优质蔬菜、促进畜牧业和家庭副业发展
自我发展阶段	1989年至今	提高农业专业化	一村一品城乡直销	农产品直销

位，农村经过 10 年的发展几乎不存在城乡差距，农民收入得到了大幅度的提高。

1972~1982 年，政府对新村运动的投资由 35.7 亿韩元增加到 4190 亿韩元，占全部投资额的比例由 11.3% 上升到 48.3%。其中，支农资金通过农协直接发放给农民，政府还向农民发放长达 30 年的长期低息贷款，并从住宅彩券中拿出一部分支援农村建设。韩国新村运动中资金的使用分配见表 5-2。

表 5-2　　　　　　　1974 年韩国新村运动中资金的使用分配

项目	数量与占比		政府投入（百万韩元）				村民投入（百万韩元）					贷款捐助（百万韩元）
	数量（个）	占比（%）	中央	地方	补贴	合计	现金	劳动	物质	土地	合计	
生活环境	43237	32.6	3738	4820	—	8558	4755	19879	6035	1610	32297	—
生产物质	13214	10.0	1227	680	1082	2989	1155	1836	29	—	3020	7205

续表

项目	数量与占比		政府投入（百万韩元）				村民投入（百万韩元）					贷款捐助（百万韩元）
	数量（个）	占比（%）	中央	地方	补贴	合计	现金	劳动	物质	土地	合计	
增收项目	27065	20.4	1390	3990	205	5585	9274	7718	68	—	17060	4420
绿化荒山	6718	5.0	1195	1484	—	2679	3945	—	—	94	4039	—
保健福利	28771	21.7	2481	3891	34	6406	123	19227	—	—	19350	3015
精神启蒙	3237	2.4	2058	937	41	3036	156	6	36	—	198	3
合计	122242	92.1	12089	15802	1362	29253	15463	52629	6168	1704	75964	17025

资料来源：韩国内务部（1974）。

5.1.2 韩国"新村运动"的做法和成就

生产发展方面，20世纪70年代以水稻品种更替为标志的韩国绿色革命推动了农业技术进步，极大地增加了农业收入，加上国家的农业价格保护政策，农民来自农业的收入大幅度提高，因此，农民也有少量的资金进行村庄局部的改善，见表5-3。

表5-3　　　　韩国1970~1977年水稻单产和农业收入

年份	精米产量（吨/公顷）	高产水稻占水稻总面积的比例（%）	农业收入（美元）
1970	3.30	—	824
1971	3.37	—	1025
1972	3.34	115.9	1075
1973	3.58	10.4	1209
1974	3.71	15.2	1393
1975	3.86	22.9	1804
1976	4.33	43.9	2389
1977	4.95	54.6	2961

资料来源：金人华（1978）。

乡风民俗方面，新村运动的初衷就是通过调动农民自建家园恢复民族的自信心，因此从总统到地方官员都参与到新村运动中来。通过官员培训（Chang Soo Choe，2005），先进村以及先进人物展示，农民们都做出了大量贡献（见表5-4），其建设乡村的信心被建立起来。在村庄的改造过程中，韩国的民族精神被保留和发扬光大，勤勉、自助、合作成为这次运动最大的精神财富。

表5-4　　　　　韩国1971~1978年农村劳动力使用状况

年份	国家全部天数（百万天）	每村天数（天）	每个家庭天数（天）
1971	7.2	218	4
1972	32.0	970	16
1973	36.1	1090	18
1974	22.6	685	11
1975	28.5	864	14
1976	24.4	739	12
1977	30.3	918	15
1978	28.9	876	15
平均	26.3	795	13

资料来源：朴振焕（2005）。

村容村貌方面，本村需要修缮的道路和桥梁被上报到上一级机关，韩国政府发放了大量水泥和钢筋让农民集中使用。如1971~1975年，全国农村共新架设了6.5万多座桥梁，各村都修筑了宽3.5米、长2~4公里的进村公路。到20世纪70年代后期，除了个别极为偏僻的农村外，都实现了通车，1978年全国98%的农户都装上了电灯，90年代全国实现了电气化。韩国新村村容村貌建设项目优先顺序见表5-5。

表5-5　　　　　韩国地方政府汇总的新村项目优先顺序

序号	1	2	3	4	5	6	7	8	9	10	11	12	13	14	15	16
项目内容	进村公路	跨河小桥	村内道路	排污改善	瓦房	修旧围墙	改善水井	会堂修建	堤岸修整	支路开辟	农村电气化	村庄电话	村庄浴室	儿童活动场	洗衣所改善	环境美化

资料来源：韩国内务部（1974）。

管理民主程度方面，新村运动最初是由政府主导的运动而不是自发和自动的，但是当农民的积极性与强烈的改善自己村庄的斗志被激发以后，村庄的农民发挥了主体作用，通过建立各种合作组织来完成改造项目，这无形中促进了村庄民主管理的产生和发展。

城乡差距方面，经过10年的发展，城乡差距逐步减小甚至农户收入一度超过了城市劳动者收入（见表5-6），农民的可购买能力大幅度提高。韩国农民收入的急剧提高得益于四个因素：一是自1973年以来在全国范围内推广水稻新品种；二是政府为保护农业给予部分财政补贴（Yong Hyo Cho & Jung Jay Joh，1988）；三是农户调整优化农业结构，多种经营；四是政府以"新村运动"的名义大量投资，扶持农村经济持续发展（陈昭玖等，2006）。

表5-6　　　　　　　　韩国1970~1979年城乡收入变化

年份	农户收入（韩元/户）	城市劳动者收入（韩元/户）	城乡收入比例（%）
1970	255804	381240	67.1
1971	356382	451920	78.9
1972	429394	517440	83.0
1973	480711	550200	87.4
1974	674500	644500	104.7
1975	872900	859300	101.6
1976	1156300	1151800	100.4
1977	1432800	1405100	102.0
1978	1884200	1916300	98.3
1979	2227500	2629600	84.7

资料来源：朴昌根（1998）。

5.1.3　韩国"新村运动"的启示

我国新农村建设应该学习借鉴韩国新村运动中的先进经验，主要包括前瞻性战略规划、农村建设细节、现代化文明与建设元素的融合，以及精神文明引导与建设。

第一，新村运动并不仅仅停留在修路、修房子、修沼气的层面，而是根据当时的经济发展状况，通过农民的自发以及政府层面的因势利导，把更多的现代元素引入农村，例如电气化、电话安装、厨房改进、厕所改进等，更多的细节被考虑进去。

第二，新村运动注意发挥农民主体地位，形成了合理的分工协作。农民、农民合作组织、政府三者在新村运动中各自负责不同的事务，虽然是政府主导运动，但给予了农民更多的自主权利激发农民的积极性。

第三，新村运动具有完备的新村运动计划贯彻体系，例如建设项目先由农民上报直到中央，根据项目的优先顺序以及所具备的人力物力逐步执行，能够较好控制项目进度以及质量。

第四，新村运动成功的关键在于政府是强有力的政策推动者。在新村运动中，中央政府的绝对控制是新村运动得见成效的关键。通过从上而下的政治宣传以及经济动员，严厉打击新村运动中的各种腐败现象，运用政治力量动员各种要素投入到农村中去，最终实现了农村和城市的繁荣。

第五，官员的成绩与新村运动挂钩。新村建设成绩好坏成为官员们升职中重要的一项指标，任何有抵触情绪和消极态度的官员都被替换，同时强制要求官员参加农民培训，保证了政策的执行力和最终执行的效果。

5.1.4 韩国"新村运动"的不足与教训

首先，韩国并没有解决农村生产力持续发展的问题。20世纪90年代以来，随着农业产值占GDP比例下降，城乡差距逐步开始拉开，农民不得不从单纯农业生产领域进入其他非农领域。1970年，农民收入为城市居民的61%，1993年提高到95.5%，而2004年韩国人均GDP为1.46万美元，农村居民的户均收入为2900万韩元，是城市居民户均收入的77.6%。因此，韩国学者们在反思新村运动的局限性的同时，把振兴区域经济，如城市支援农村、促进"都农相生"活动作为21世纪初新村运动的发展方向。

其次，过于注重物化建设，环境、文化受到不同程度的损毁。"实绩主导"的政府行为，有时缺乏远景规划和长远设想，过于注重物化的硬件建设，而且往往复制城市化模型，不仅精神文明没有得到加强，而且农民也没有得到多少实惠（储昭根，2007）。

最后，随着农业人口进入城市，"空心村"也逐渐严重。青年人大部分离开农村定居城市，新村运动中的农业基础设施很多都被闲置浪费。只有老人、妇女在农村中居住，村庄逐步走向衰落。

5.2 日本农村发展经验的分析与借鉴

5.2.1 日本农村建设概况

日本在 20 世纪 40 年代进入工业反哺农业的转折期，1960 年进入大规模工业反哺农业期（马晓河，2005）。通过价格支持、工业反哺农业、农业产业结构调整尤其是农产品加工业的发展，促进了日本农村经济和社会的快速发展。在日本的造村运动中，最具知名度且影响力扩及全日本乃至亚洲各国的是 1979 年开始提倡的"一村一品"运动——在政府引导和扶持下，以行政区和地方特色产品为基础形成的区域经济发展模式。通过振兴以农、林、牧、渔产品及其加工品为原料所进行的工业生产活动，增加农产品的附加值，延长农业产业链，提高农业综合效益（李岩、申军，2007）。

5.2.2 日本农村建设的主要做法

日本农村建设主要包括以下几个方面。

（1）在发展生产方面，通过财政倾斜和农民自我发展策略增加农民的收入。

对特定经济落后地区实行财政倾斜政策，例如北海道的开发事业费依次为道路建设、基础设施建设、治山治水三项提供资金支持，该事业费在所有都道府中始终最高。

提高农民自我发展能力，通过优惠政策鼓励农村区域内的资本、人才留在农村。在农村内设立工商企业，扩大农民就业。实行农业保护政策，对从事农业生产的企业或个人实行税收优惠政策，税种有法人和个人事业税、法人和个人所得税、继承税、赠与税等。日本每年农业补贴总额在4万亿日元以上，农民收入的60%来自政府的补贴，对进口农产品则施以提高关税或加征批发价来保持国内农产品售价的平稳。

(2) 在农民福利方面，建立了农村与城市一体化的社会保障体系。

在农村医疗方面，日本政府要求全国农民、个体经营者等无固定职业和收入者必须强制加入医疗保险（张吉成等，2006）。通过国民健康保险、互助保险组合、赤脚医生和远程医疗构成国民健康保障体系，使城乡医疗水平和保障能力基本上达到相同。其中国民健康保险是20世纪60年代日本政府建立起来覆盖全体国民的医疗保险制度。凡年满20岁的日本国民都要强制性加入医疗保险体系，日本的医疗保险体系由"雇员健康保险"和"国民健康保险"两大支柱构成。前者的服务对象主要是打工者，后者的服务对象包括农民、个体经营者、无业者、不能享受"雇员健康保险"的退休人员以及这些人员的家属。国民健康保险也仅仅是有限度地解决一些疾病的70%的医疗费用，对于一些收入低、发病率高的地区的农民来说仍然无力支付另外30%的费用，在这种情况下学者们认为最好的办法就是引导农民组成团体互帮互助共同面对医疗问题，由此日本农民互助保险组合应运而生。由于目前日本还有1000个左右的"无医地区"，加之又没有愿意在农村偏僻地区服务的赤脚医生，为了解决这个问题各地政府共同出资办起了一所自治医科大学培养能在农村和偏僻地区工作的医生，学生读书期间的学费由各地财政承担，但学生毕业后必须按要求到农村服务9年，服务期间享受地方公务员待遇。为了消除地方之间的医疗设备与医疗水平的不同，日本政府开始着手建立远程的医疗保障体系。这种远程医疗系统利用远程网络技术以及专业的医疗透视存片技术把医院和患者联系在一起，可以实现双方同时互动远程传输各种医疗透视照片资料，其传输过程快捷、信号稳定，是一种值得推广的医疗形式。

在公共物品提供方面，政府是农村公共物品投入的主要承担者和组织者。从20世纪60年代末开始，日本农林水产业预算经费年平均增长15.2%，政府提供给农业的一般服务的转移支付常年保持在70%以上，各种贴息和减免税赋等政策几乎涵盖农村生产、生活的所有领域。农村公共物品投入支出占中央财政预算的10%以上，加上地方预算，投入总额超过农业GDP总额。农业基础设施和产业结构调整补贴占政府对农业全部补贴费用的比率大约为80%左右，有些甚至可达中央财政补贴90%（金小川，1997）。

政府针对不同的公共物品项目采取灵活的投入方式：一是政府直接补贴项目，包括水利建设补贴、农地整治补贴、农业生产资料购置补贴、基础设施补贴、农贷利息补贴和农业结构调整补贴六种；二是直接补贴农民收入，政府直补已占农民农业收入的72%；三是贷款贴息，贴息的对象有农民用于农业机械化、电气化、水利化等设备设施的购买和维修改良费用，还有农协开展的贷款业务及各级农林渔业金融公库用于土地改良、造林、渔牧业等基础建设费用；四是把地区性开发金融资金纳入政策性金融资金的重要组成部分中，对地区性农村公共物品供给进行贴息补偿（杨勇等，2008）。

（3）在城乡统筹方面，协调城市与农村的发展。

日本在第一次《全国综合开发规划》（1961~1968年）提出利用大规模建立新据点的方式，扩散城市工业来振兴地方经济。第二次世界大战后日本产业结构调整可以分为三个阶段：第一阶段是1945~1950年，为日本经济恢复重建时期，这个时期是以农业为中心重建产业结构，整个经济恢复到第二次世界大战前以轻工业—农业为主导的轻型经济结构；第二阶段从1950年至1970年，是日本产业结构合理化与重化工业化阶段，70年代初基本完成了产业结构的重化工业化过程；第三阶段为20世纪70年代以后，向"知识密集型"产业的转变。由于石油危机、日元升值，日本经济增长率下降，物价大幅度上涨。1971年日本产业结构审议委员会在咨询报告中提出了发展研究开发工业、高级装配工业、时兴型工业和知识产业四个知识密集型产业，提出通过国际水平分工和知识融合化来促进日本产业结构的新发展。

（4）对于发展过程中国家劳动力转移问题，日本依靠发展工业、提高农民素质以及农民转移计划成功地把农民转移到城市中去。

20世纪60年代日本政府制定《国民收入倍增计划》和《全国综合开发规划》促进工业和农业、城市和农村协调发展的同时，把农村剩余劳动力转移纳入国家经济社会协调发展的规划之中，重点扶持规模较大的自立经营农户，鼓励小农户脱离农业，转向非农产业。由于人多地少，日本农村剩余劳动力转移速度加快，但是土地转移却极其缓慢，农业兼业经营普遍。实践表明，农户兼业不仅可以获得从事非农产业的经验，增加家庭收入，而且可以增加积累，为农民进城奠定基础（见表5-7）。

表5-7　　第二次世界大战后日本农村农民兼业化和农业外收入

年份	农家总户数（万户）	兼业农家数（万户）	兼业率（%）	农业外收入比率（%）
1950	598.4	309.0	51.16	31.71
1955	604.3	393.8	65.17	28.62
1960	598.5	413.2	69.04	46.71
1965	557.6	442.8	79.41	52.00
1970	534.2	451.1	84.45	63.54
1975	495.3	433.7	87.56	66.43
1980	466.1	403.3	86.53	78.91
1985	437.6	375.0	85.70	80.63
1990	383.5	336.2	87.67	82.38
1995	344.4	376.6	80.31	79.10
2000	312.0	269.6	86.35	82.11
2005	283.8	239.6	84.43	79.67*

注：*为2004年数据。
资料来源：周维宏（2007）。

发展劳动密集型工业，为农村剩余劳动力转移提供了稳定的就业渠道。日本在第二次世界大战后十分重视节约资本，充分利用劳动力丰富的优势，发展劳动密集型工业。日本工业部门对农业劳动力的吸收率始终大于人口增长率，从而使经济能够迅速摆脱马尔萨斯陷阱，实现现代化。1969年5月制定了新的《全国综合开发规划》，把大型产业开发项目，如大型农业基地、工业基地、流通基地、观光基地等劳动密集型项目以及以环保为目的的自然保护、历史文物保护与保存、国土保全及水资源开发、住宅建设、城乡环保等大项目作为发展重点，为日本经济的健康发展打下了良好的基础。

加强农村的基础教育，提高农民的素质，为劳动力转移提供条件。农村剩余劳动力转移的成功在很大程度上取决于其国民智力的增值，20世纪80年代日本就普及了高中教育（李凌云等，2001）。同时，日本政府还在农村推行了一套职业训练制度，对农民进行职业技能培训。国家也鼓励各企业、社会团体积极开展岗前培训，为农村谋职者提供各种学习机会，使其适应工作环境并获得劳动技能。

到20世纪70年代末，日本已经几乎不存在城乡差距，城市与农村居民享受同样质量和数量的生活消费品以及公共基础设施和服务，完成了城乡统筹发展的宏伟目标（见表5-8）。

表5-8　日本1978年城乡每百户家庭拥有主要耐用消费品数量

项目	彩电（台）	钢琴（架）	照相机（台）	小汽车（辆）	洗衣机（台）	电冰箱（台）	吸尘器（台）	燃气灶（台）	空调（台）
农村	97.8	8.6	70.6	65.7	98.6	99.6	92.2	96.1	9.3
城市	97.8	16.0	84.4	49.7	98.8	99.5	95.2	90.6	33.1

资料来源：周维宏（2007）。

5.2.3　日本农村发展的经验借鉴

（1）加大保障性投入，构筑农村社会保障网。

国家应逐步加大农村社会保障资金的投入，并作为农村健康计划的运营主体，地方政府应作为负担农村最低生活保障费用的主体，围绕农民的需求实现公共物品的供给，以保证农业生产的稳定发展和农民收入的提高。我国在强调政府为农民提供最基本的公共物品的同时，应充分发挥农民的主体地位和主人翁意识，鼓励农民自治，建立农民工组织，发展基层农民协会等，形成农民互助、互救机制保障农村公共物品的供给。

（2）提高农民素质，加强农业教育。

新农村建设是一项涉及各个领域极其复杂的系统工程。日本政府及地方政府十分关心农村基层干部的培养，这不仅反映在农业协同组织都有自己的技术服务体系和培训渠道，还反映在农业高等教育和科研上。与日本相比，我国农民整体素质较低，农村政治素质、文化素质、科技素质、人文素质等综合素质高的管理干部十分匮乏，农村劳动力大量外流，又加剧了农村人才的供求矛盾。我国政府应采取组织、财政、法律上的各种扶持措施，把发展农业协会、行会、合作社等农民专业合作组织作为国家支持和保护的重点，通过职业教育和培训来提高农民的科技素质与就业能力，以高等学校、科研院所和各个市县的农业推广站为龙头，以各式各样的农协组织为培训机构，自下而上，在全国范围内普及农业科普知识；大力普及义务教育，完善农村义务教育体系培养新型农民；采取切实可行的措施引进人才，留住人才，加大人才的扶持力度，用人才推进科技，以科技促进生产力发展。

（3）加大对农村的补贴力度，发展农村基础建设事业。

日本农业与农村现代化推进速度之所以快于欧美，其重要原因是建立了投入的长效机制，政府通过贴息贷款、大力发展各种全国性和地方性金融事业以推动农村各项基础事业发展，包括生产领域的水利建设、农地整治、农业生产资料购置、基础设施、农贷利息和农业结构调整、农协等大型民间组织的生产活动等，除各级政府直接补贴外，国家及农协系统金融机构也为农民提供了足够的资金。我国新农村建设是一次"以工促农、以城带乡"的具体实践，应当尽快确定中央政府及地方政府为新农村建设提供资金的硬性指标，逐渐摸索出一套切实可行的资金扶持方案，并建立起一套长效机制。

5.3 英国农村发展的经验借鉴

5.3.1 英国农村建设概况

英国是世界上最早确立资本主义制度的国家，也是传统农村消失最早、城市化和城乡一体化实现最早的国家。19世纪上半叶，在工业革命的深入影响下，英国的资本主义大农场和农业生产有了进一步的发展，农业已经实现集约化经营，社会结构发生了很大变化，大约在1850年时英国的传统农村已基本消失，实现了城乡一体化。

第二次世界大战后，随着工业化、城市化的迅速发展，乡村地区人口不断向城市集中，许多地方出现人口减少，基础设施发展不足的情况。随后，由于大都市郊区化的迅速发展，大都市周边的许多乡村地区人口又迅速增加，因此乡村地区呈现出多元化的发展方向。在这一背景下，英国政府开始对乡村地区进行大规模规划，以促进乡村地区繁荣。从20世纪50年代开始，英国在乡村开展了大规模的"发展规划"，并一直延续到70年代。该规划核心是在乡村人口集中的地区建设中心村。为了提高乡村服务设施的利用率，发挥它的规模经济作用，并在乡村地区形成增长中心，政府出台了一套综合性的政策，促进住房、就业、服务设施和基础设施向中心村集中，通过加大对中心村地区的投资，不但促进了中心村的成长，同时也支持了中心村腹地的发展。

5.3.2 英国农村建设的主要做法

1. 通过国家工业化促进农村劳动力转移

新航路的开辟为英国剩余劳动力的转移创造了条件。英国从16世纪中期就开始组织从事新的地理发现和拓展海外贸易的跨洋航行，目的在于通过殖民掠夺、对外贸易为本国经济社会发展积累原始资本。新航路开辟之后英国就开始向新大陆和海外殖民地移民，而为了保护本国工业的发展，英国严格禁止熟练工人移民国外，移民对象主要是农村剩余劳动力。此移民过程一直持续到20世纪初期，在很大程度上缓解了国内农民流动所带来的压力（李世安，2005）。

"圈地运动"客观上调整了农村产业结构，提高了农业生产效率。圈地运动开始于15世纪晚期，持续进行了400年的时间，客观上加速了英国农村劳动力转移和土地集中（Deane，1965）。从早期的变耕地为牧场、合并小块土地（Overton，1996），到后来的协议圈地，英国采取了多种形式的"圈地"并制定了相关法律政策保障土地的集中（Fiiyd，1981）。圈地运动促使更多的农村人口向城市迁移，客观上有利于以小农经济为特征的英国传统农村面貌的改变，并加速了土地集中程度（Mingay，1968）。1850年以前的不列颠农场需要很多工人，许多农民自动离开了土地，成为纯粹意义上的雇佣农业工人（Habakkuk，1978）。规模化后的耕地能够承载更多的羊群，加速了英国纺织业的发展，推动了工业革命的进行。从某种意义上说，圈地运动是一场农业上的深刻变革，促进了生产力的发展（贾瑞芬、吕世辰，2008）。

农村工业化促进农业生产工具变革，鼓励资本租赁大规模农场（Chambers，1966）。第一次工业革命后，农业机械的采用、农业技术的推广和更为合理的劳动分工，使英国农业生产率、单位面积产量都有明显提高。与此同时，英国农业的生产组织形式也随之发生巨大变化，大规模资本主义大租佃农场迅速崛起，结合先进农业技术所产生的规模效应极大地推动了农业生产力的提高，导致以家庭为生产单位的小农户趋于消失。

2. 修订多项农业生产保护政策

（1）农业基础建设补贴。这类补贴主要是对农业基础设施建设提供资金，以改善农业生产条件，提高生产力，使农民在获得食物保障供应的同时维持与其他行业劳动力相当的收入水平。如对田界围栏、树篱、农场建筑、农业机械、农田排水设施及农村道路建设的补贴等政策。

（2）农产品津贴。这类津贴按农民所在地区农业环境条件，根据提供的农产品数量直接付给农民个人。如作物面积津贴，在苏格兰、威尔士和北爱尔兰等农业环境欠佳地区，每1公顷作物可以取得英国政府和欧盟共同农业政策津贴220.5英镑；在英格兰和其他农业环境适宜地区，每1公顷作物可获得225.8英镑的津贴。牛肉生产特殊津贴，农民每育肥1头公牛可获得93.11英镑津贴等。

（3）农产品价格补贴。当欧盟范围内农业市场某种或多种农产品价格低于干预价格时，欧盟就会按干预价格大批量收购欧盟成员国国家的农产品，直到市场价格再回升到干预价格之上，以保护其成员国农民的利益。

（4）对欧盟外进口农产品施加强制性关税。凡从欧盟外国家进口的农产品，一律加征进口关税后才能在欧盟国家的市场上出售。这样人为地使进口农产品价格抬高，从而使欧盟国家生产的农产品得以保持其竞争能力。

另外，还有隐性农业保护政策，如减免农业税和免费向农民提供技术和信息服务等。从20世纪80年代末到1998年，英国农业在各种补贴和保护政策的支持下，得到的补贴金额逐年提高。从80年代末的4.91亿英镑提高到1995年的24.0亿英镑，之后又继续提高到1998年的26.73亿英镑。这些农业补贴占农业总收入的比重增长很快，从 80 年代末的 18.8%增长到 1995 年的 46.5%，到 1998 年竟然增加到 123.0%，相当于每个英国农民 1998 年从农业补贴中取得了 4242 英镑（约合 58000 元人民币）（董宏林，2006）。

3. 建立城乡统一的劳动者社会保障体制

英国的社会保障制度也是伴随着工业化、城市化的进程逐步发展和完善起来的。通过实行城乡统一的社会政策，从而提供均等化的基本公共服务。

教育方面，英国实行 11 年制义务教育（小学 6 年，中学 5 年），其中义务教育阶段的教学标准、教学条件都是城乡统一的。医疗卫生方面，英国实行的是全民公费医疗，在制度的保障和实施方面城乡没有差别。

村镇公共事业发展，完全由政府预算提供资金支持。法律对各级政府的权责有明确而具体的规定，法律规定村镇政府必须完成强制性的项目，其资金由村镇与地方政府共同承担，地方政府根据给定的公式统一为各地方拨付一定资金，村镇从自己预算中拨付其余支出；法律规定村镇可以自主决定的项目，村镇则要全部从自己的预算中支出，也可以由本地区公民投票决定，并为这个项目单独设立一次性的税收（德意英农村发展考察组，2007）。

随着《工人赔偿法》《国民救助法》《补充救助法》《卫生法》《工人住房法》《公共卫生法》《住房和城市规划法》等法律的制定和颁布，英国一般公民的福利不断增加，救助措施相对比较完善，居民的生活水平大幅度提高。英国政府建立了"老年年金"，这种养老金与公民的身份、职业、在职时的工资水平、缴费（税）年限无关，所需资金完全来源于政府税收（刘芳，2007）。

5.3.3 英国农村发展的经验借鉴

（1）以工促农和以工补农是国家均衡发展的必要条件。

城市工业及乡村工业化促进城乡的平等竞争，改变了乡村的经济结构，推进工业村庄向城市发展。例如大量新城镇的出现，改变了英国城乡之间的经济比重、人口分布及职业结构的状况。据英国剑桥大学人口史专家里格利（Wrigley）估计，1520年时英国乡村非农业人口约占乡村总人口的20%，1600年约占24%，1700年约占34%，1750年为42%，1801年达50%（陈曦文，2002）。

（2）土地的流转是一个漫长的过程，其速度与规模必须与劳动力流转相适应。

英国的圈地运动加速了农村劳动力转移和土地集中，但迁移的过程持续了近400年，缓解了由此带来的社会动荡。由于纺织业的发展需要大量的羊毛而引发的"羊吃人"现象虽然造成了英国大量农民被迫离开土地，但是伴随着工业的发展以及农民权益的保护政策出台，社会矛盾并没有过度激化，社会得以持续快速发展。我国进入工业化中期以后，必须加快工业化的进程，加大农村剩余劳动力的吸收能力，才能提高农业生产效率，增加农民收入。

5.4 美国农村发展的经验借鉴

5.4.1 美国农村发展概况

美国大规模农村建设和发展主要兴盛于美国农业政策的全面变革阶段，通过不断的制定和修正支持农业发展政策，逐步完成了国内基础设施建设和社会保障制度建设。农场主家庭经营是美国农村主要的农业生产模式，一直作为美国农业经济的主力和基本支撑点，通过农民及农场主之间的相互合作对抗工商业垄断组织在涉农领域的利益。美国城乡二元经济和社会结构不明显，全国实施统一的城乡政策，农村居民只要符合当地的要求，有稳定的工作就可以在全国进行自由的流动。

从美国的工业反哺农业的政策选择来看，主要可以分为两个阶段：转折阶段和大规模反哺期。在转折期，农业政策的重点旨在促进农业生产力发展，提高农业生产率。例如1914年美国通过了《史密斯—利佛合作推广法》，规定联邦政府向接受该法的州提供部分资金；1916年通过《联邦农业贷款法》，决定由联邦政府提供部分资金，成立联邦土地银行，专门为农场主提供长期贷款。这一时期主要是以增加农产品产量以及采用价格保护和关税保护的手段支持农业生产领域。在大规模反哺时期，主要实行农产品价格补贴和农业生产休耕补贴、鼓励农产品出口、救济穷人、保护农业资源和有节制地保障农场主收入等政策。

5.4.2 美国农村建设的主要做法

1. 采用多元化投资方式，增加公共物品提供力度

在20世纪的前20年，美国政府及一些私营部门开始了修建驿道、开凿运河、铺设铁路和修建公路等改善国内交通状况的一系列努力。到1916年铁路总长达到40多万公里，从1936年开始联邦政府制定《农村电气化法令》，建立农村电气化管理局和田纳西河流域管理局，到20世纪60年代末，美国98%的农村地区实现了电气化。

2. 颁布相关政策法规促进劳动力流动

在推动劳动力转移的过程中，主要通过两种措施来促进劳动力有序的流动。首先，土地的廉价出售，《宅地法》的颁布吸引了众多农村剩余劳动力向西部转移。其次，国内基础设施的改善和修建、大型水利设施的修建、土地休耕等政策也都鼓励农民进行转移。到1940年后，美国农业劳动力人口占全国劳动力总人口的比例下降到20%以下。

3. 颁布详尽的农村产业政策，促进农业的发展

在近百年美国的农业法律变迁中，农业法律的内容由过去早期的农业保护逐渐转向现在全面的农业支持。20世纪中后期，美国又利用关贸总协定（GATT）与世贸组织（WTO）的基本规则，借助其强大的经济实力开始了新一轮的农业保护主义浪潮，借以提高本国或本共同体农产品的市场竞争力，实现其农业生产的持续稳定发展。美国传统的单一农业保护法律政策体系转向以科技推广、食物安全、贸易促进、资源保护以及区域发展为中心的农业支持模式,从而实现了政府主动设计促进农业发展的目的(见表5-9)。

表5-9　　　　　　　　美国历年农业政策及目标

年份	农业法律	目标
1933	农业调整法	解决生产过剩危机,提高农产品价格,增加农场主收入
1935	农业调整法(修正案)	促进出口和国内消费,鼓励使用剩余农产品
1938	农业调整法(修正案)	保护自然土壤资源,为州际和对外贸易提供农产品
1941	斯蒂格尔修正案	支持第二次世界大战中需要的所有农产品生产
1948	农产品信贷公司特许法	稳定、支持和保护农产品价格与收入
1949	农业法	农产品价格支持
1954	农产品贸易发展和援助法	增加美国农产品在国外的消费,改善美国的对外关系
1956	农业法(修正案)	土壤银行计划和价格支持
1964	农业法(修正案)	鼓励消费更多的棉花,维持棉花和小麦生产者的收入
1965	食物和农业法	维持农业收入,促进外贸,为农村提供更多经济机会
1970	农业法(修正案)	为生产者和消费者的利益建立完善的农产品计划
1973	农业和消费者保护法	保证消费者以合理的价格取得充足的食物供应
1977	食物和农业法	促进农民收入增加,推进农业研究和教育
1981	食物和农业法(修正案)	对1977年立法进行修正
1984	食物保障法	实行灵活的农产品价格支持,降低政府在农业方面的开支
1990	食物、农业、资源保护和贸易法	削减联邦政府开支,维持农场主收入增长,加强环境保护
1996	联邦农业完善和改革法	减轻政府农业支持政策的财政预算压力,促进农产品出口
2002	农业安全与农村投资法案	增加对农业的拨款

资料来源:根据徐世平(2006)相关论述整理。

5.4.3　美国农村发展的经验借鉴

(1)法律和财政促进农业知识与服务体系的形成,创造了农村生产科学化基础。

1862年的《莫里尔法》以及其后颁布的《海琪法》和《史密斯—利佛合作推广法》促进了美国农业教育体系、科学实验体系和农业推广体系的形成,使美国农村的生产建设和农业经济发展得到了系统的农业知识及人力资源等方面的直接帮助。

（2）多元化投资主体促进了农村基础设施建设，为城乡一体化打下基础。

美国的许多公共物品都是由私人提供的，包括医疗、教育、住房甚至交通、银行等部门。私人投资增加了农村的资金总量，也改善了农村的基本物质基础条件，缩小了城乡之间的差别。尤其在政府资金短缺的情况下，通过私人提供方式增加了公共物品供给，弥补了公共部门在提供部分公共物品方面的低效率问题。

5.5 本章小结

本章主要选取了韩国、日本、英国和美国四个国家农村建设的历程进行考察。通过借鉴四国在农村发展过程中采取的政策与措施，寻找我国新农村建设中应借鉴学习的相关经验。

韩国新村运动，历经十年使韩国农村走上了富裕之路，城乡差距缩小，农民生活富足。其主要通过给予农村少量的物质补贴，发扬农民自力更生的精神，项目实施有计划性，提高农民改善自己家乡的积极性，最终取得了举世瞩目的成绩。

日本农村的稳定发展主要依托建立的综合农协与全国统一社会保障体系。综合农协配合日本的国家农业保护政策，以互助合作解决了个体农民在生产中的各种生产问题；全国城乡统一的社会保障体系通过法律强制的手段解决了农民的后顾之忧，大大减轻了农民负担。

英国农村发展与城市发展是同步进行的，有比较完整的工人保障法律体系和农业保护体系。公共物品的提供是全国统一的，各地村镇公共事业完全由政府承担，实行农产品出口补贴以及基础设施建设补贴。

美国农村发展伴随着工业化的进行而展开，城乡差别不大。农村建设主要得益于美国完备的农业法律体系，1933~2002年包括《农业法》的修订总共出台了18个法律文件来规范和约束农业生产发展。

第 6 章

新农村建设模式探讨

6.1 新农村建设模式的构建前提和依据

我国社会主义新农村建设目前尚未形成一套完整的指导性理论,依照党中央提出的关于"生产发展、生活宽裕、乡风文明、村容整洁、管理民主"二十字方针正在不断探讨、实践和总结中。依照党的宗旨与国家性质,不断增加全民福利,提高人民的物质和文化水平是我国长期的发展任务。

6.1.1 新农村建设模式的构建前提

(1) 以集体经济为核心,对农村改造和发展是新农村建设的核心内容。新农村建设离不开村集体的组织功能,不能撇开集体而只关注个人发展。政府的资金扶持与引导始终要以农村集体为经济与行政载体,对现有村庄进行改造和发展。

(2) 明确农民是新农村建设的实施主体,农民与政府各自主要参与和执行的项目范围。只有农民最清楚自己的需求,政府不能包办一切,因此要划分出政府与农民各自的公共物品供给范围。政府宜提供农民个体无法完成的道路、桥梁、村庄规划、村民选举监督等项目,而村委会及村民则更倾向于提供村庄内部的软硬件建设。

(3) 解决资金的来源、管理途径、项目实施与效果反馈。新农村建设必须有政府财政支持,否则就是无源之水,但是须明确支持的方向、范围,以及资金投入数量、效率等,保证新项目的有效实施。

(4)构建农村可持续发展机制。我国农村大量的剩余农业劳动力以及农业生产的特殊性要求农村的发展必须可持续,不能牺牲现有的资源和环境而使未来农村发展失去动力,因此必须建设资源节约型和环境友好型乡村社区。

(5)重构农村各利益集团的分配机制。市场经济运行机制下要素的流动遵循效率原则,必然引发资本向工业部门和城市流动。在我国资本缺乏的背景下,作为另外两个重要的生产要素:劳动力与土地必然要为资本流动而让路。尤其是劳动力作为物化的资本在市场交换过程中往往失去人的属性,成为普通商品随供求变化而波动。而人作为生产要素不仅仅是物化的劳动力还包含了更多的创造性的潜在生产力功能,而且也是生产力发展以及其他生产要素服务的对象。然而在我国社会主义市场经济体制下,劳动力的本位往往受到资本的排挤从而成为资本的雇佣,享受不到应有的福利。

通过对中华人民共和国成立后60多年的农村发展典型案例的分析比较,我们能够清晰地看到农村生产要素通过各种形式流向城市(见图6-1):农业产品通过工农产品交换并以价格"剪刀差"的形式,通过货币媒介,把资本输入工业部门;农村劳动力以低廉价格的劳务输出形式,以农民工而不是工人的身份,把劳动剩余资本输入城市;农业用地则通过征用等方式转为非农用地,通过市场化方式形成资本,进入私人和政府部门,"马太效应"逐步加剧。

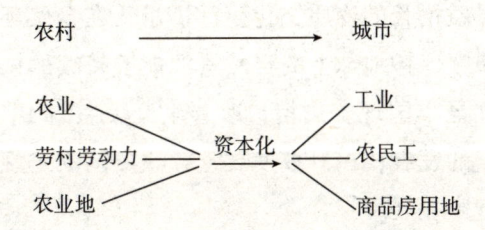

图6-1 城乡二元结构下城乡部门间的利益流动

生产要素的流动主要依靠制度的建立来保障其公平性。当政府退出公共物品提供领域的时候，对制度完备性的需求更加迫切。因为交换过程更加复杂、范围更加广阔，如果没有良好的交易机制来保障公共物品购买的公平性，那么市场资源配置效率较低时，提供者只能是政府。因此在我国早期的计划经济体制下，没有相关的市场化制度配套，不得不实行政府主导其他为辅的公共物品供给模式，新农村建设阶段急需对此状况进行改变。

6.1.2 新农村建设模式的构建依据

社会主义新农村建设必须坚持科学发展观，即坚持以人为本，全面、协调和可持续地进行发展，坚持五个统筹，促进社会和人的全面发展。

1. 以人为本原则

以人为本是新农村建设的核心指导原则，也是马克思关于人类的全面发展的总结概括。"生产发展、生活宽裕、村容整洁、乡风文明、管理民主"的二十字指导方针紧紧围绕人的发展而阐述，防止在新农村建设中见物不见人，只注重物的建设而忽略了对人的关注和关怀。以人为本是农村经济建设的核心指导原则，包含了人们对生存、尊重、社交、全面发展等不同形式和层次的需求。

2. 可持续发展原则

可持续发展不仅是指人与自然的可持续发展，还包括了人、自然、经济、科技等全方位的可持续发展。具体而言，在人的发展上，通过经济发展不断满足人们日益增长的物质文化生活需求；在自然环境的发展上，协调人与自然的关系，保护地球上的自然资源能够持续的供后代使用；在经济发展上，必须立足本国现实国情，改善生产关系与生产力之间的矛盾，促进经济持续稳定的发展；在科技发展上，注重国家宏观战略研究，促进我国科技的持续健康发展。

3. 公平与效率均衡原则

几十年的农村发展经验表明，任由生产要素从要素回报低的行业和地区向要素回报高的行业和地区自由流动，必然不可避免地形成地区和行业间的经济发展差距。尤其是在医疗、教育、住房、环境等外部环境上，人力、资金的分配和投入差异过大时，"马太效应"将更加严重，对我国经济发展形成不利影响。中央政府必须加大对西部地区以及经济落后地区的经济投入和人才投入，给予良好的政策环境，平衡区域间和行业间日益扩大的经济和社会差异，防止社会经济结构的畸形发展。

4. 纯公共物品由政府提供原则

从委托—代理关系来看，国家有义务为国民提供基本的公共物品。从效率与公平的角度来看，纯公共物品具有较强的外部性，因此必须由政府提供；对于准公共物品，且政府提供效率较低的物品则可以利用市场力量多方集资提供，以提高其供给效率；私人消费品以及非公共物品可以完全由市场来提供。虽然公共物品的边界随着经济发展而变化，但是在我国现有的经济水平下政府完全有能力和义务提供更多的农村公共物品。

6.2 以人为本思想下的农村发展模式分析

6.2.1 当前农村发展主要观点辨析

当前我国社会主义新农村建设的思路主要有四类：林毅夫代表的"拉动内需说"，温铁军等代表的"农民合作说"，陈锡文代表的农民增收和农村经济发展观点，以及贺雪峰的"福利说"四种观点。

林毅夫认为，新农村建设的核心是通过国家投资农村基础设施来拉动农村的内需，进而解决了我国长期以来的产能过剩问题，农村的根本出路是城市化，而城市化的基本办法是发挥中国劳动力成本低的比较优势，扩大低端产品的出口。首先，林毅夫把农村发展作为协调国家经济发展的一个工具，实施过程很容易陷入见物不见人的陷阱，缺少农民本位的人文关照，使新农村建设只限于盖新房、修公路等新农庄建设。其次，林毅夫的比较优势理论忽视了国际产业分工与资本密集度是互为因果的关系，低端制造业无利可图，使进城农民报酬很少，高端需求降低，进而产业升级困难。如果中国一定要在发挥所谓劳动力比较优势的基础上城市化，那么必然是不仅产业工人变为贫民，产业发展也必将陷入绝境。

温铁军、潘维、曹锦清等认为只有将农民组织起来，才是唯一出路。市场经济条件下，中国以土地均分为基础的 2 亿多户小农经济规模太小，无法应对市场风险，也不能有效抵抗外来强力。在农民人口极其庞大的前提下，国家不可能通过财政补贴给农民以持续的收入增长，唯有将农民组织起来，才能减少中间商的盘剥，才能抗御外来强力。然而，在我国农民数量极其庞大的情况下，即使管理成本极低，也缺少与其他阶层谈判的能力。收益低和管理成本高，加上从事行业的低利润性，往往使农民合作社很难生存下来或者只能转向股份制企业。这种思路框架依然是市场经济下农民的无奈之举，寄希望于农民组织的壮大进而形成利益诉求的团体在目前依然困难较多。

陈锡文认为农村的发展核心依然是农民增收和经济发展，通过增加农民货币持有量，提高农民在市场上的交易能力来突破现有困境。这种思路基于市场化所有物品和服务，通过市场购买的形式提高农民的福利水平。这种思路明显忽略了两个问题：其一，现实情况下与未来很长一段时间内我国农民收入的多层次性，商品供给如何适应这种多层次性；其二，商品尤其是公共物品的供给与需求存在着双方的福利损失以及供给效率问题。例如，纯公共物品在贫困地区的低效率供给，以及低收入人群难以享受福利，短期内并不是依靠农民增收能够实现的。

贺雪峰认为，新农村建设应当增加农民的福利水平，补偿现代化过程中农民利益的损失，缓解农民在现代化过程中可能产生的不满，从而为中国现代化打造牢固的农村基础，才应是新农村建设的战略目标所在。这种思路基于当前我国农民收入不可能大幅度提高的现实情况，从改善农民对现实的感受出发，重在增加农民的精神财富，是当前成本最低见效最快的一种新农村建设思路。应该说这种思路对农村现实有较深刻的理解，也体现了对农民的人文关照，但是现有村庄的封闭体系完全被市场力量破坏，让农民回归到传统精神层面的满足恐怕作用甚微。农村传统文化被城市文明逐步侵入，没有新的文化形态相辅助，乡村精神文明的复兴恐怕是无根之木。

6.2.2 中国新农村建设模式的归纳和总结

（1）依据村庄发展的推动力划分。农村产业带动村庄的发展，通过产业发展实现资本积累，实现个人富裕，进而完成新农村建设。这种划分方法往往过分地关注村庄的收入来源以及人均收入变化，以人均收入的高低反映新农村建设的成就大小，而忽视农村居民消费去向、农村社会经济结构的多层次性以及由此而导致的收入差异。另外对村庄整体的规划、福利水平、历史文明等关注往往排在生产力水平之后，忽视了农村发展的其他重要因素，甚至是关键的因素。这样势必难以将成功经验具体化，也无法预测村庄的未来趋势，缺乏对村庄可持续发展的观察和探讨，形式过于简单。

（2）依据资源水平、发展水平以及经营规模等综合因素划分，但主要还是依据富裕程度来划分。这种划分方式考虑了影响农村发展的更多方面因素，对农村建设中的新模式具有更好的解释力。但此类划分仍然是以农村居民收入来衡量的，其他因素一般只是作为农民富裕程度的因变量，实际上与第一种划分方式类似，仍然没有触及到农村发展的核心内容。

（3）依据乡村空间地域的多功能划分。这种划分方式突破了长期以来的农村工业化、农村城市化的框架，抓住了农村区域的独特性，拓展了新农村建设模式的创新边界。但是如果割裂开城乡之间的联系，难免受到城乡二元经济社会结构的思维影响，不利于推进城乡一体化进程。另外考虑到农村空间区域的多功能性侧重于资源以及自然条件，忽略了人在农村发展中的作用，难以归纳和概括我国改革开放以来农村所取得的成绩。

综合来看，目前我国对农村建设经验模式的总结归纳，在归纳内容上主要侧重于村庄的整体富裕程度以及人均收入增长；在归纳的依据上主要是发展的推动力或带动力；在农村发展的出发点上，依然是以发展生产力为中心；在时间跨度上，更多的选取横截面数据。

我们认为，新农村发展模式选取的依据必须围绕"以人为本"的原则，更加关注集体环境中的人的各项需求，防止在建设新农村的过程中"见物不见人"，在时间跨度上应选用历史数据更能够找到转折的关键因素。

6.2.3 公共物品提供与农村发展阶段

我国市场经济建立起来后,国家财政支持不足而使地方政府只能通过市场化运作来提供农村公共物品,从而使农民的负担急剧加重,生产与生活所需要的基础性公共物品普遍供给不足(农田水利设施失修、荒废,土地抛荒,乡村公共医疗卫生事业衰落,辍学儿童增多等),在此情形下各式各样的农村建设模式演变为一种模式,即千方百计地增加农民收入提高购买公共物品的能力的产业带动发展模式。农村公共物品问题实际上已成为关系到我国农村和谐稳定、农业经济发展、农民收入增长的核心,也成为新农村建设的关键问题。如果依靠单纯地提高农民收入完成新农村建设的话,未免简单化农村问题了。因为提供公共物品的一方与农民一方两个主体间在利益取向的本质上并不一致,同时双方在谈判地位上与信息的占有上完全不对等,即博弈双方根本无法建立起讨价还价机制。

最早关于公共物品的确切定义来自萨缪尔森(Samuelson,1954)的论述,他认为公共物品是指"每个人对这种产品的消费,都不会导致其他人对该产品消费的减少"。定义本身并没有包含供给的含义,后来的学者对公共物品供给的内涵更多是从其定义与公共物品思想的起源相结合中推导出来的,国内很多学者就是沿用这种方法,如邢福俊(1999)、仲伟周(1999)、李洪江和潘洪清(2000)、王凯涛和顾志明(1999)以及王艳萍(2000)等,进而将公共物品的提供者固定为政府部门。

雷晓康(2003)根据消费者与生产者的福利变化把我国公共物品的提供方式分成了7类,并根据威克斯特龙(Wickstrom,2001)参考系计算各种情况下的收益情况。假定 A 是一种具有自然垄断性质的物品,由于其具有非常强的规模效应,最好由一家企业来生产。设生产 A 的固定成本为 f,边际成本 c(设其为常数),q 为产量,p 为价格。消费者对 A 的需求函数为:$q = Q(p)$。为了分析方便,我们假设需求函数为线性:

$$p = a - bq \tag{6.1}$$

其中 a,$b > 0$。由此可以得出:

$$消费者剩余:u = bq^2/2 \tag{6.2}$$

企业利润：$\pi = (a-c)q - bq^2 - f$ (6.3)

社会总福利：$S = u + \pi = (a-c)q - bq^2/2 - f$ (6.4)

社会总福利 S 取极值的条件：$q = (a-c)/b$ (6.5)

将式 (6.1) 代入式 (6.5) 可得：$p = c$ (6.6)

式 (6.6) 说明最大化社会总福利的条件是按边际成本定价。将式 (6.5) 代入式 (6.4) 可以得出最大化的社会总福利为：

$$S_{\max} = \frac{(a-c)^2}{2b} - f \quad (6.7)$$

令 λ 为社会福利损失：$\lambda = S_{\max} - S = \frac{(a-c)^2}{2b} - (a-c)q + \frac{bq^2}{2}$ (6.8)

根据上述假设，可以得出公共物品提供效率比较一览表（见表 6-1）。

表 6-1　　政府管制的公共物品提供效率比较

项目		模式 1	模式 2	模式 3	模式 4	模式 5	模式 6	模式 7
特点	是否管制	无管制	成本信息对称条件下的政府管制			成本信息不对称条件下的政府管制		
	生产者	私人生产	公共生产	私人生产	私人生产	公共生产	私人生产	私人生产
	条件	$MR=MC$	$P=0, f\leq (a^2-2ac)/2b$	$MR=MC$, $(a-c)^2/2b > f$	$p=AC$, $0 < f \leq (a-c)^2/2b$	$U \geq cq + f - pq$	$pq > cq + f$	模式 6 基础上寻租
价格		$p_1 = \frac{a+c}{2}$	$p_2 = 0$	$p_3 = c$	$p_4 = \frac{a+c}{2} - \sqrt{\frac{(a-c)^2}{4} - bf}$	$p_5 = 0$	$p_6 = \frac{a}{2}$	同模式 6
产量		$q_1 = \frac{a-c}{2b}$	$q_2 = \frac{a}{b}$	$q_3 = \frac{a-c}{b}$	$q_4 = \frac{a-c}{2b} + \frac{1}{b}\sqrt{\frac{(a-c)^2}{4} - bf}$	$q_5 = \frac{a}{b}$	$q_6 = \frac{a}{2b}$	同模式 6
消费者剩余		$u_1 = \frac{(a-c)^2}{8b}$	$u_2 = \frac{a^2}{2b}$	$u_3 = \frac{(a-c)^2}{2b}$	$u_4 = \frac{(a-c)^2}{4b} - \frac{f}{2} + \frac{a-c}{2b}\sqrt{\frac{(a-c)^2}{4} - bf}$	$u_5 = \frac{a^2}{2b}$	$u_6 = \frac{a^2}{8b}$	同模式 6
企业利润		$\pi_1 = \frac{(a-c)^2}{4b} - f$	$\pi_2 = -f - \frac{ca}{b}$	$\pi_3 = -f$	$\pi_4 = 0$	$\pi_5 = -\frac{a^2}{2b}$	$\pi_6 = \frac{a(a-2c)}{4b} - f$	同模式 6

续表

项目	模式1	模式2	模式3	模式4	模式5	模式6	模式7
社会福利损失	$\lambda_1 = \dfrac{(a-c)^2}{8b}$	$\lambda_2 = \dfrac{c^2}{2b}$	$\lambda_3 = 0$	$\lambda_4 = \dfrac{(a-c)^2}{4b} - \dfrac{f}{2} + \dfrac{a-c}{2b}\sqrt{\dfrac{(a-c)^2}{4} - bf}$	$\lambda_5 = \dfrac{(a-c)^2}{2b} - f$	$\lambda_6 = \dfrac{(a-2c)^2}{8b}$	$\lambda_7 = \dfrac{(a-2c)^2}{8b} + a\left(\dfrac{a^2-2ac}{4b} - f\right)$
比较	如果：$c \leq \min\{a/3, a/2-bf/a\}$，$\lambda_2 < \lambda_1$			$\because 0 < f \leq (a-c)^2/4b$，$\therefore \lambda_3 < \lambda_4 < \lambda_1$		如果 $c < a/2 - 2bf/a$，$\lambda_6 < \lambda_1$；如果 $c > a/4$，$\lambda_6 < \lambda_2$	

  公共物品的公共性程度会随着经济发展水平、技术条件等因素的改变而发生变化，所以很难清晰地界定公共物品与私人物品的边界。政府和市场都可以成为公共物品的提供者，将政府与市场进行组合，就可以得出公共物品提供模式的选择集。公共物品提供模式必然以市场失灵的选择为最根本的标准，不同的社会目标也有助于选择不同的提供模式。利用市场生产公共物品的方法包括合约出租、政府购买、特许经营、政府经济资助和政府参股五种形式。其中合约出租的方式广泛应用于很多公共物品的生产，很多发达国家的国防及军事产品，政府也利用合约由私人企业来生产，美国即为这种方式提供公共物品典型代表之一（见图6-2）。

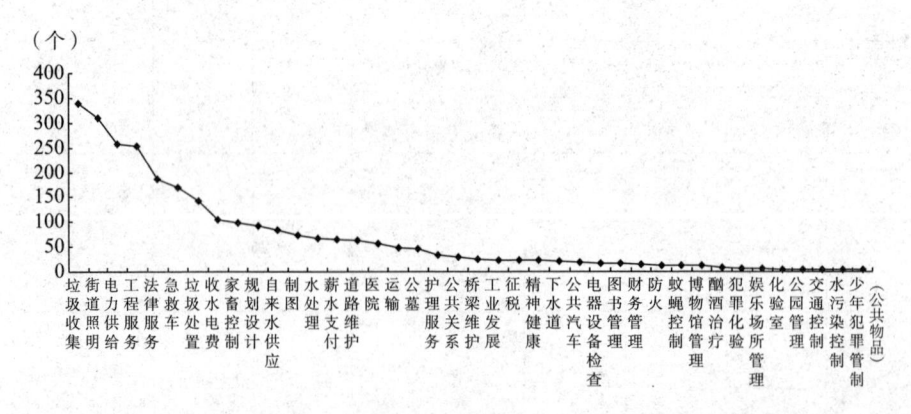

图6-2 美国城市政府利用签订合同由私人提供公共物品的城市情况
资料来源：Savas（1982）。

6.2.4 不同公共物品提供水平的阶段划分

为了说明我国农村发展的整体思路,我们通过不断放松约束条件的形式来阐述我国农村发展的思路,并把农村发展阶段中公共物品与服务的提供划分为四个不同放松阶段,具体阶段特征见表6-2。

表6-2　　　　　　　　四个不同放松阶段的主要特征

放松阶段	放松领域	主体利益异质程度	自我发展途径	制度需求度	政府干预程度
全约束阶段	无	无	免费使用	较弱	最强
初级约束放松阶段	政府低效领域	弱	部分有偿使用	弱	强
中级约束放松阶段	大部分领域	强	大部分有偿使用	较强	弱
全放松阶段	除制度外全部	最强	全购买	强	最弱

1. 全约束阶段

生产部门只包含农业生产与工业生产两大部类,通过两大部类的交换完成社会产品的交换过程,而其他的公共物品和服务的提供均由政府部门来完成,具体的产品和服务内容包括良好的生存环境(住房、生态、安全)、生活环境(医疗、教育、交通、文化)、发展环境(人权、法律)、生产环境(市场、公共设施)。政府基本上充当了所有公共物品和服务的供给者,政府、工人与农民的利益根本上是一致的,因此生产和消费上都表现为一定的公共物品特性。例如兴修水利、开山引水等重大公共项目都由大量农村劳动力无偿完成,而消费者则可能是本村或其他村庄的村民。

2. 初级约束放松阶段

初级约束放松阶段是指为了增加产品与服务的供应效率,在原有的公共物品和服务中分离出部分产品与功能由其他部门进行提供,由此产生第一产业、第二产业之外的第三产业,或称为服务业。这部分职能往往贴近人的生活,政府难以满足不同层次的需求,从而由相应的组织来承担其社会职能,并由此获得相应的补偿。例如,政府制定相应的规则,实体的运作则依赖第三方提供工农产品交换过程中产生信息与物品的收集、传递和交割等服务。

3. 中级约束放松阶段

中级约束放松阶段位于初级与高级放松阶段之间，与初级放松阶段相比，由私人提供公共物品与服务的范围更加广阔，政府提供的范围仅限于关系国家和人民安全与发展的公共物品和服务。私人投资均介入教育、医疗、住房、生态、文化、公共设施等领域，国家职能进一步撤出公共领域。

4. 全放松阶段

作为放松阶段的最高级阶段，政府放弃公共物品和服务的提供，只保留维持人类之间关系与人类自身发展的法律制定和人权维护两项职能，其他产品与服务的提供完全通过产品之间的交换由私人团体和个人承担。

6.2.5 对中国农村各阶段变革的解释

中华人民共和国成立后至改革开放前的一段时期，我国政府提供公共物品与服务属于全约束阶段。我国长期施行计划经济体制下的全民所有制与集体经济制度，农业税收与工农产品价格"剪刀差"收入构成国家财政收入的主要部分，国家实行"高积累，低消费"的方针政策仍难以提供全国所有村庄的公共物品与服务，只能提供相应的法律制度与社会规范以及部分低水平的社会福利，来保障资本的积累与公共物品的自我提供。在生产要素数量与结构上，我国长期以来存在劳动力与土地的相对过剩，而资本缺乏。利用过剩的生产要素对稀缺要素进行替代就成为长期以来实行的战略政策。因此农村发展呈现出以"农业学大寨"为标志的时代特征，主要包括在农业领域鼓励"战天斗地式"的治理山水、开垦农田、鼓励农民进行科学创新；在卫生医疗上则发展乡村赤脚医生、设立乡村卫生院、全面农村医保；在教育方面，发展村办小学、提倡边学边干；在文艺上则鼓励传统文化的挖掘以及发扬社会主义奉献精神。

改革开放以后，公共物品的提供逐步呈现出中级约束放松阶段。工农产品总量飞速增加，农产品的交换逐步依赖于市场的需求变化，由于工农产品的比较效益不同，国家财政收入相应提高。资本的趋利性导致国家财政支农比例依然偏低，我国国家财政支出更多转向工业部门。对公共物品与服务的提供逐步转向市场化，由私人或团体和国家财政共同承担。教育、医疗、住房等市场化改革促进了公共物品供给总量上的增加，国家主要承担市场规则、人身权益法律、国防安全等公共物品的供给。这一阶段农村呈现出三次产业尤其是第三产业快速发展、农村市场化改革促使公共物品与服务提供能力与消费能力反而降低的特点。由于城乡二元经济社会结构的影响，农村公共物品供给增加有限，私人团体很少投资农村公共物品的生产，部分农村居民开始购买城市公共物品与服务。具体体现在教育市场化后农民辍学率上升，医疗市场化后农民因病返贫增加，生态保护市场化后污染加剧，农业领域市场化后农业科技投入下降，文艺市场化后科普与教育影片数量下降。

新农村建设提出以后，公共物品供给逐渐从中级约束放松阶段转向初级约束放松阶段。我国财政支出政策发生重大变化，支农力度大幅度提高，公共物品供给从数量和质量两个方面都有了提高，主要体现在生态环境上更加注重环保，农村全民低保覆盖范围扩大，义务教育全面施行，农田水利得到修缮，土地制度更加严格。新农村建设的目标提出"生产发展、生活宽裕、村容整洁、乡风文明、管理民主"的指导方针，以科学发展观为统领，城乡统筹发展为手段，发展理念核心由关注经济发展转向坚持"以人为本"。

6.2.6 中国公共物品供给与新农村建设模式的构成关系

经济的发展对农村社会结构的安排起着至关重要的作用。改革开放以来，我国农村社会经济结构发生了重大变化，乡村传统农业和传统社区原有的自我内循环的封闭系统被市场经济力量打破，先期形成于农耕文明的社会结构、文明传统、乡风习俗、家庭关系逐渐瓦解，新的农村社会经济结构尚未形成。在工业化优先的城乡二元体制结构下以及改革开放后的几十年路径依赖中，农村公共物品低供给水平是各地农村特有的社会经济结构特征。尤其是家庭联产承包责任制施行后，农村提供公共物品能力大大弱化，由此引发的生产力发展不同程度和村庄集体经济能力的差异，决定了村庄精神文明建设的发展方向。在竞争发展模式下的个人与集体收益见图6-3。

		个人经济实力	
		强	弱
集体经济实力	强	1, 1	1, 0.5
	弱	0, 1	0, 0

图6-3 竞争发展模式下的个人与集体收益

1. 个人与集体经济实力均较强的高水平公共物品供给

以南街村、华西村为代表的个体与集体经济发达程度相对较高的村庄，公共物品主要由村集体经济提供，个人则依附于集体经济之上享受村集体的各项福利保障。公共物品的提供范围、数量和质量都依赖于强大的集体收入，同时通过相关措施保障个人经济与集体经济紧密结合，集体通过各种措施把村内外生产要素纳入集体经济中，抑制了资本的外流从而实现了集体经济下的个人收益最大化。这种模式主要建立在高度的集体经济和高福利水平发展之上，因此集体的观念往往重于个人观念，村规和村风也倾向于集体经济下的发展模式，崇尚集体利益高于个人利益，公共事业高于个人事业，崇尚团结奋进反对个人主义。

2. 个人经济实力弱而集体经济实力强的中度公共物品供给

以某一乡村企业的发展带动为标志，集体提供包括教育、医疗、住房等公共物品。与高度的公共物品提供模式相比，这种个人实力弱而集体实力强的发展模式没有能够吸纳和覆盖所有村民的福利，提供公共物品的范围、数量和质量也大大缩减，因此只能提供村庄内部急需的公共物品，例如村民的教育、医疗、住房等福利补贴以及道路、水渠和农业基础设施的修建等。这种模式倾向于优先发展集体经济，因此往往侧重于物质文明建设，劳动力生产要素往往出现净流出，资本与土地呈现净流入。乡风习俗逐步转向崇尚个人主义，农民个体趋利行为比较明显，村庄集体经济往往转向私营经济。

3. 个人经济实力强集体经济实力弱的一般公共物品供给

由于公共物品的外部性特征，私人没有足够的动力提供公共物品。公共物品一般通过购买形成了私有物品，例如医疗、教育和住房市场化后，农民只有通过货币购买才能享受。这种情况下个体经济被强化，通过个人较高的货币收入才能够享受社会福利。因此这种模式下个人主义盛行，个体之间短期博弈加剧，金钱至上的观念流行于村庄，乡村的农业基础设施、道路、桥梁等在集体资本缺乏的情况下难以提供，农民转移到城市享受城市公共物品的激励增加，劳动力出现大量的转移，村风文明和管理民主以及村容整洁都难以实现，农村衰退较快。

4. 个人与集体的经济实力均较弱的低水平公共物品供给

这种模式的村庄一般没有地域和资源的优势，生产发展落后，多属于偏远山区以及自然资源环境条件相对较差地区。其表现为农业、工业和服务业发展缓慢，个人和集体收入来源和数量都很少。这种条件下村庄的生产要素表现为资本缺乏，土地回报率低，劳动力则外出打工。农村的社会结构表现为：村集体组织功能瘫痪，留在村庄的中老年人保持原有村庄下的传统意识与外出务工的青年人之间的城市文化之间的冲突加剧，村内民主意识淡薄，生产要素总体上呈现出净流出。

6.3 社会主义新农村建设模式选择

我国社会主义新农村建设的目标包含了物质文明、精神文明和政治文明的内容，具体而言主要包括四方面目标：生产要素方面，抑制工资性收入的资本外流，提高资本与土地的收益；公共物品提供方面，降低农民的支出成本,扩大政府公共物品和服务的提供范围和数量,明确政府与村集体之间的分工;农民福利方面,完善和发展农村医疗、教育和住房等福利措施,促进村集体经济发展,改善农民的人居环境。

我们依据公共物品供给方式、持续发展潜力、发展资金来源、区域间发展差异、要素流动状况对我国社会主义新农村建设的模式进行了总结,主要模式包含政府帮扶模式、乡村自我升级模式和乡村扩张模式。

6.3.1 政府帮扶模式

在政府帮扶模式下,农村地区的发展主要呈现出以下特征。

村庄特征:我国西部以及部分资源禀赋较差地区,自然资源缺乏,土地稀少而贫乏,农业、工业以及相应的服务业生产都比较落后,村集体几乎没有任何收入,没有能力提供公共物品,农民素质相对较低。

家庭特征:先天资源不足导致集体经济发展缓慢,家庭资金来源主要依靠劳动力外出打工获取工资报酬为主。家庭资金的消费则主要集中在生活消费,家庭的资金积累主要用于孩子未来发展与住房。

文化特征:传统的村庄文化在市场经济的冲击下瓦解,宗族和血缘关系逐渐被经济关系所取代。打工农民在外界接受到的城市文化与本地传统文化差距较大,外出务工人员逐渐习惯于城市文化并将其带入原有村庄,加上电视等媒体工具对城市文化与价值观念的宣传进一步改变了农村自有传统。另外,以家庭为经营单位的个体经济使个人从集体中解放出来,集体观念更加的淡薄,乡村乡土的概念逐渐消失,农民对乡村公共事务关注程度降低,青年人更加倾向于搬迁到城市。

基于以上村庄特征,劳动力外出带回的资金必然地流向资本密集的行业进行套利以及购买城市高福利生活,而我国城市与工业地区有着良好的公共设施和产业群更加利于投资,因此家庭储蓄资金很难在本地进行投资,大部分以搬迁和投资城市商业的形式转移到了城市中去。本地村庄随着劳动力和资本外流,村庄老龄化严重,剩余人口逐渐的落入贫困陷阱,最终失去任何发展的机会。

而以政府的资金和政策扶持为主要特征的农村建设模式,根据政府财政能力的大小主要包含以下三个层次的政府支持。

（1）农村集体搬迁到小城镇或重建新村，享受城镇公共物品和福利。

对于自然条件十分恶劣，资源极度匮乏，工农业发展较为困难的地区，村庄发展所需成本极高，整体搬迁到中心镇或其他条件较好地区更为理想。这种模式需要政府具备强大的财政能力和组织能力，需要中央和地方政府的大力支持和配合才能解决劳动力的安置以及住房、教育和医疗等问题。例如，2004年广东省阳春市将连家船安居作为重点工作，采取多方筹款、减免各项费用的方式把连家船渔民580多户低成本搬迁建立渔民新村。新居实行统一规划，布局整齐，环境美化，文化设施配套，实行社区化管理，彻底改变了泛宅浮家的历史。在渔民就业安置上则举办渔民转产专业职业技能培训，拓宽渔民及其子女的就业渠道（叶益琼，2010）。

（2）政府投资相关产业带动地方经济发展，提供村内公共物品和福利。

村庄具有较多的自然禀赋优势，通过外来资金容易形成本地特色的相关产业，政府通过财政支持手段改善村庄的基础设施和服务，提高村庄的投资环境，从而带动本地经济的发展。这种模式政府必须全面改善村庄的基础设施面貌，充分挖掘其本地的特色优势，进而形成相关可持续发展的产业领域。例如，2006年中国网《新农村系列报道之一·深山有风景》中报导北京市怀柔区官地村旅游资源丰富，凭借旧村改造从基础设施建设入手，市区镇各级政府共投入1000多万元，以培育特色旅游产业为支撑，探索出一条景区农村发展的新路子，2005年全村人均收入15920元，旅游综合收入占90%。

（3）政府协助村内兴办企业，村集体提供公共物品和福利。

工农业发展以及村庄基础设施严重落后，且农村居民资金积累少投资动力不足，但无其他明显劣势的村庄，依靠自我发展很难摆脱贫困陷阱，应通过政府资金扶持兴办企业发展农村经济。政府资金的投入不能过于分散，投资方向和对象是政府需要解决的重要问题。政府可以协助建立和发展本地相关工农产业，并引导企业承担社会责任，改善村庄的基础设施建设和农民福利水平。例如，浙江省德清县杨墩村在德清县农业局的支持下建成500亩高效生态农业示范园，并加强畜牧生产小区的规划与管理，村集体出资修筑了 30 公里公路，便民农用物资、文化活动室、托儿所等公共服务设施齐全（农业部调研组，2006）。

6.3.2　乡村自我升级模式

在乡村自我升级模式下，农村地区的发展主要具有以下特征。

村庄特征：自然环境和资源无明显劣势条件，村际间资源禀赋及产业基础差异大，个体家庭间差异较大，村庄规划和公共物品提供相对落后。村落的共同点是个体经济比较发达，集体经济相对落后。

家庭特征：家庭资金主要来源于家庭经营收入，包括自营的农业、工业、建筑业和服务业。外出打工人员较少，个体经济相对发达，村内农民相对富裕程度高。家庭资金的消费则主要集中在生产消费，家庭的资金积累主要用于奢侈性消费和住房。个体家庭虽然相对富裕并有着较高水平的生活条件，但是却享受不到良好的自然环境和人文关怀，家庭搬迁到城市和城镇的意愿强烈。

文化特征：个体经济的发展促进了农村个体意识的加强，也间接地削弱了村集体的服务功能。个人主义比较盛行，千方百计地增加家庭收入成为农村居民的共同奋斗目标，个体间存在合作竞争关系，血缘和宗族思想进一步弱化和消除，利益关系和生意往来构成新的社交群体。个体与外界的交往日益频繁，村落间界限逐渐模糊，村庄的开放程度增强。集体主义思想消失，群体无序性特征明显，村民对村级公共事务和规划关注程度下降，村公共物品和福利提供能力严重不足。

基于以上村庄特征，村庄居民家庭间因个人能力差异导致收入差距较大，集体经济相对落后，村集体难以提供更多的公共物品和服务，导致村内富裕家庭倾向于转移到城市居住，进一步弱化了村集体功能，使农村更加破败。个体间能力差异造成村内部收入差距拉大，造成村民内部的不公平感增加，普通农民急于改变家庭现状，但自身素质又难以达到，自我失落感增强，村庄成员间差异较大，相互交流障碍增加，个体家庭的安全感下降，村庄的不稳定因素增加。

乡村自我升级模式下发展的总体目标是通过政府和集体与私人资本之

间的合同约定,将私人资本用于村庄的公共物品提供,政府和村集体负责规划发展计划,利用租赁、承包、购买等方式完成公共物品的市场化,投入成本大幅度下降。

由此,以个人资金投入为主,政府投资为辅的新农村建设模式根据个体间合作关系的强弱主要包含以下五个发展层次。

(1) 强化集体服务功能,增强集体经济功能。

公共服务的匮乏造成了农村个体家庭富裕而村庄内部人居环境落后,个人主义思想严重,社会主义的公德严重缺失。由于个体经济发达,通过增强集体的经济实力,强化集体的服务功能,为进而改善农村的公共物品和服务提供了一定的经济基础。通过村民股份制度、土地租赁和筹资捐款等形式建立企业服务部门,推动形成集体资本,作为农村发展的基础资金,从而为建立和完善农村基础设施建设和公共福利奠定基础。例如,新疆维吾尔自治区玛纳斯县太阳庙村利用地缘优势,积极开展招商引资工作引入新天酒业落户本村,2005年村民种植葡萄人均收入达到8900元,村集体收入包括出租收购点的餐饮摊位和引资修建砂石料厂与砖厂,为集体每年创造30.5万元收入。集体经济实力增强后开始着手提供修建农民小康住宅楼、绿化、远程教育、组织文艺活动等公共物品和服务(农业部调研组,2006)。

(2) 筹集村级发展资金。

充分利用个体经济发达的优势,通过村集体协商、村民合作和村民集资的方式筹集村级发展资金,讨论村庄发展规划,完善农村农田水利和村庄基础设施建设,提高村民的福利待遇。例如湖北省云梦县百合村,在党支部带领下发展壮大合作经济组织,形成了"协会+基地+农户"的花苞菜产业化发展格局。2006年3月开始采取政府投入、部门帮扶、群众集资、知名人士捐助的方法完成标准化居民小区规划和户型设计,修建下水道、沼气池、沟渠、水泥路、垃圾池等公共基础设施,使村民过上了文明卫生的新村生活。

(3) 村庄公司集团化。

引入大型企业在村庄的发展,采用宅基地置换等优惠条件实施旧村改造,通过产业化经营和资源循环利用,发展现代农业,培育新型农民。村庄内部农民经济收入来源主要是企业的工资性收入,而其他公共物品的提供包括道路修筑、绿化、水电网改造等则通过企业创造利润承担。由于企业职工大部分为本村村民，因此实际上企业起到了村集体的功能。例如，山东省乐陵市梁锥村经过希森集团的旧村项目改造，建成"梁锥希森新村"，被当地称为"希森模式"，2001年企业投资4200万元，利用130亩废弃地盖起了136套新房，低价提供给村民。在改造置换出的老宅基地上建立起现代化的养牛场，旧宅基地则以每亩3万元入股分红，对村民给予补贴。小区使用集中供热、电话、有线电视、网络等，村民成为工人，享受企业各种福利待遇和养老保险（农业部调研组，2006）。

（4）私人购买公共物品模式。

随着经济发展，公共物品的界限也逐渐外移，一些准公共物品向私人物品转变，部分物品和服务只能通过私人购买以及政府合约的形式提高供给效率。在个体经济发达，集体经济相对较弱地区，可以通过私人承包合同或政府招标等形式有偿提供准公共物品。我国农村富裕地区也可利用私人承包的形式提供一般公共物品，对外部性较强的公益性设施与服务理论上仍然由政府提供。例如，建立高级私立学校、会员制场所、实施收费道路等形式完善的基础设施和服务。美国城市政府利用签订合同由私人承包公共物品提供，提高其供给效率，诸如垃圾收集、街道照明、电力供给、工程服务、法律服务均由私人来提供（见表6-3）。

表6-3　　私人部门与美国城市政府签订合同提供公共物品情况

项目	城市数目	项目	城市数目	项目	城市数目
垃圾收集	339	道路维护	63	图书管理	17
街道照明	309	医院	57	财务管理	14
电力供给	258	运输	49	防火	13
工程服务	253	公墓	47	蚊蝇控制	12
法律服务	187	护理服务	34	博物馆管理	12
急救车	169	公共关系	30	酗酒治疗	9
垃圾处置	143	桥梁维护	25	犯罪化验	7
收水电费	104	工业发展	24	娱乐场所管理	7
家畜控制	99	征税	24	化验室	5
规划设计	92	精神健康	22	公园管理	5

续表

项目	城市数目	项目	城市数目	项目	城市数目
自来水供应	84	下水道	21	交通控制	5
制图	74	公共汽车	18	水污染控制	5
水处理	67	电器卫生设备检查	17	少年犯罪管制	4

资料来源：Savas（1982）。

(5) 村庄合并。

村庄的内部严重分化，公共物品供给严重不足，家庭成员在乡镇或城市有着稳定的高收入工作，且家庭资金积累较多，他们有着强烈的搬迁需求并逐渐搬离村庄，村庄人口规模逐渐缩小。一般距离城市和中心镇较近的村民心理上有更强的需要，也能很快地适应城镇生活节奏。村庄合并能够减少农村基础设施的投入，增加农村耕地面积，减少乡镇的管理成本。村庄合并理论上属于旧村改造范畴，但是因为涉及两个或两个以上村落的系统安排，规划工作量和资金需求量都较大，因此需要当地政府和相关村委会及时统筹安排。江苏省部分地区就是按照这种方式进行建制合并的，目前全省行政村由2000年的314万个减少到211万个，减幅达39.38%，村组干部由43108人减少到22166人，减幅达47.14%（农业部信息中心，2003）。河北省实行固定式行政村合并，调整平原地区1000人以下至1500人、山区500人以下至800人的行政村，撤并幅度在25%左右（许海涛，2004）。

6.3.3 乡村扩张模式

在乡村扩张模式下，农村地区的发展主要具有以下特征。

村庄特征：村集体经济实力强大，村庄内部工农副相关产业发展势头强劲，形成了稳定的生产、运输、销售产业链条，人均收入相对较高，村集体有能力提供高水平的相关村民福利和公共物品。

家庭特征：农村居民已经逐渐从农业生产中摆脱出来转向城镇居民，在职业分工上也更加多样化。家庭居民收入主要来自工资性收入，家庭有更多的资金盈余，生活消费转向个人非生产性消费。农村社区的熟人和半熟人社会逐步转向同事和合作伙伴的关系，血缘和地缘关系基本消失。

文化特征：由于农村经济的发展，相应的农村日出而作，日落而息的缓慢生活节奏逐步被工业化紧张的快节奏取代；农耕文化下恬静温情的田园文化被城市紧张独立的工业文化替代。物质文明极大地促进了人们对城市精神文明的追求。

村庄集体经济的极大发展促进了村庄社会经济结构的巨大变迁，市场经济下农村原有的农耕文化下的封闭结构被打开，区域经济一体化进程逐步加快。优先发展起来的村庄逐渐吸纳周围村庄的劳动力和土地，成为产业辐射中心，进而成为中心村或中心镇。

该模式下，以某一村庄或产业集群为辐射中心向周围村庄扩张，通过兼并村庄，提高了工农业的整体生产效率，增加了其他村庄的整体福利水平。根据资本扩张的范围，可以分为以下两个模式。

（1）集体福利扩张模式。

村庄的发展依赖于集体某一产业的不断发展和扩大，并形成稳固的产业链条。通过集体经济的发展为农村发展提供公共物品和福利保障所必需的资金，是我国农村经济发展过程中最常见的方式。随着集体经济的发展村庄的公共积累也逐渐增加，村庄的福利和保障也逐步提高。例如，北京市房山区韩村河村经过多年发展，原有的村建筑队发展成为韩建集团，由单一建筑业向多种相关产业和特色产业延伸，涉及设计、施工、房地产开发、装饰、安装、水利水电、旅游和特色农业等多种产业。集团每年拿出3000万元投资于基建、维修、改造、粉刷、取暖、福利、补贴、绿化、卫生等各项公共事业（农业部调研组，2006）。

（2）集体资本扩张模式。

村庄集体经济发展到一定阶段后，周围大量劳动力和土地逐渐被吸纳到统一体系中，对周围村庄的兼并和吸纳成为降低资本费用，提高其他村庄福利的有效方式。例如华西村从1989年开始就对邻近华明、泾滨、三余巷、前进四个周边村进行不同程度的帮带。2001年6月，华明、泾滨、三余巷、前进四个村率先投奔华西村，而后周围的西巷、北缪家、瓠岱、水池巷等村的群众开始申请加入华西村，华西村先后收编了13平方公里土地面积，人口从1600人扩展到16000人，加上常住和流动的人口，总人口超过 3 万人。华西村将新加入的十个村整合为五个新的村，改称为华西一村到华西五村，所有的企业、土地等资源和经济实体都归华西集团公司统一管理（农业部调研组，2006）。

6.4　中国新农村建设模式选择的影响因素

6.4.1　村集体功能弱化、公共物品市场化模式依然在探索

改革开放以后，尤其是 1992 年我国市场经济体制改革目标确立后农村商品流通、税收、银行金融等领域发生了较大的变化，进而农民的教育、医疗、养老等各项制度也相继进行了市场化改革。家庭联产承包责任制的实施虽然没有解散村集体的组织结构，但却在功能上弱化了村集体的服务功能。长期以来依靠血缘和宗族关系维系各方力量均衡的农村封闭的熟人和半熟人社会源于村庄的相对封闭性，改革开放以来商品经济的发展逐渐冲破原有的组织结构，尤其是农业税减免后村集体作为中央地方政府的政权延伸机构的象征已经完全不存在了，而集体的服务功能却因为资金缺乏而衰退。村集体只保留了宅基地和耕地征占权力，成为农村集体的唯一收入来源。然而随着农村工业化的推进，对土地非农化的强烈要求促使农村耕地迅速升值，并成为地方财政的主要收入来源。原有村级领导班子少人关注的情形又发生逆转，农村民主选举更是出现贿选、内部操纵等腐败事件。

市场经济下的集体功能的弱化改变了农民与集体以及农民之间的关系，集体经济时代的特征也随着集体力量的弱化而消退。农民个体之间的贫富差距逐渐扩大，而集体缺乏消弭这种差距的能力，使其他弱势群体更加倾向于千方百计地进行物质生活的改善，而忽视社会主义精神内涵的塑造。我国农村的精神文化领域随着市场化的推进并没有被社会主义精神文明所占领，而是被城市的消费文化所诱导，或者又重新回到了原有的封建主义思想统治，各种落后迷信的思想重新占领了农村精神文化领域。

社会主义新农村建设是一项综合而长期的任务，新的农村文化与城市

文明相互融合尚需时日。本书认为利用市场手段带来的弊端有两个，其一是公共物品提供市场的资源配置短期行为和低效率，其二是资本对生产领域的过度抑制。公共物品供给市场由于存在严重信息不对称和不完全信息，个人监督管理成本较高，因此供给部门成为追求利润最大化的垄断部门，而普通民众则承担了制度改革的所有成本。因此，一方面有更多的人无法担负公共品的购买；另一方面，过剩的产品无法销售，市场化的结果是垄断部门的利润而非民众利益的最大化。市场化是调节经济和社会的具体手段而非目标，目标是全体人民的福利最大化。

6.4.2 资本对就业与劳动力报酬的抑制

资本作为重要的生产要素，其严重的稀缺性决定了农村的生产与发展，它直接影响到我国农村劳动力就业与劳动力的工资性收入增长。从农民收入来源看，在土地制度稳定的前提下，工资性收入在总收入中的比例逐步提高，因此，从长期来看，提高农民的工资性收入是增加农民收入最重要的途径。然而，由于分散的农村劳动力与资本所有者之间的谈判地位不对等，农民工资性收入增长并不能得到有效保障，因此，如何提高农民在工作中的谈判地位，建立城乡最低工资制度，将是未来一段时间内最重要的问题。

通常有以下两条途径抑制资本对其他生产要素的抑制。

1. 大力发展和改造工会，发挥工会的维护谈判作用

我国工会在中华人民共和国成立前就是代表工人利益同资本所有者谈判和斗争的重要民间合法团体，但是，改革开放以来发展较为缓慢，由于受依赖企业、地位不独立、覆盖面小、法律保障弱等因素影响，逐渐成为地方政府的附属单位和部门。农业生产率的提高使农民可以从农业领域脱离出来进入工业和服务业领域成为实际意义上的工人，但是，由于没有相应的社会地位而成为特定时期的特殊群体——农民工，尤其是乡镇企业的发展给农民外出打工创造了良好的社会机会。农民个体外出打工由于没有形成特定的行会组织和利益团体不仅在实际生产中没有谈判的资格，而且也没有代表农民利益的部门。因此,有必要把农民工纳入当地的工会领导之中,否则必须成立农民自己的维权组织,而农民经济合作组织往往只在农业领域,回避了农民与资本所有者对抗的途径,也不可能代表农民的根本利益与资本所有者对抗。

新农村建设提出以来,我国农村工会力量得到迅速发展,目前已有50多个城市建立了农民工城际间维权协作机制。第十届全国人大常委会第三十一次会议上《国务院关于维护职工合法权益工作情况的报告》指出,截至2007年7月底,全国累计解决拖欠农民工工资433.2亿元。截至2007年9月,全国各级工会女职工组织已达92.9万个,比2003年增长100.4%。截至2008年6月,工会女会员已达7243.7万人,比2003年增长57.4%;专、兼职女职工工作干部150.9万人,比2003年增长57.4%,工会女职工组织基础明显增强。

张维迎(2004)对工会与企业之间的博弈关系通过经典博弈理论做过详细的论述,根据经济学家里昂惕夫(Leontief,1946)曾经提出的工会模型,并对均衡的非帕累托最优和谈判结果的不稳定性做出解释,他解释了工会与企业对工资的谈判是如何发生的。局中人为工会与企业,其中假设先由工会决定工资,然后由企业决定就业水平。

设工会的效用函数为 $U(w, L)$,w 表示工资水平,L 表示就业水平,并假定 $U_w > 0$,$U_L > 0$。设企业的利润函数是 $\pi(w, L) = R(L) - wL$,同时假定 $R' > 0$,$R'' < 0$。企业选择 $L^*(w)$ 最大化利润函数:

$$\max_{L>0} \pi = R(L) - wL$$

最优解的一阶条件是:

$$R'(L) = w$$

即边际收益等于边际成本。由于工会预期企业将根据上述一阶条件选择就业水平,工会在第一阶段的问题是:

$$\max_{w \geq 0} U(w, L^*(w))$$

最优解的一阶条件是:

$$U_w + U_L L_w^* = 0 \text{ 或 } -\frac{U_w}{U_L} = L_w^*$$

上述的一阶条件表明了,工会将选择工资水平 w^* 使得在 w^* 点的无差异曲线与企业的劳动需求曲线相切,从而得到子博弈精炼纳什均衡结果(w^*,$L^*(w^*)$)。

尽管(w^*,$L^*(w^*)$)是一个子博弈精炼纳什均衡结果,但它并不是一个帕累托最优点,因为企业的等利润曲线与工会的无差异曲线是相交的:如果 w 和 L 在无差异曲线 U^0 和等利润曲线 π^0 围成的阴影区间,工会和企业的效用都可以增加。一个帕累托最优合同一定在合同曲线上,它满足下列条件:

$$-\frac{\pi_L}{\pi_w}=\frac{R'(L)-w}{L}=-\frac{U_L}{U_w}$$

即企业等利润曲线的斜率等于工会无差异曲线的斜率(见图6-4)。

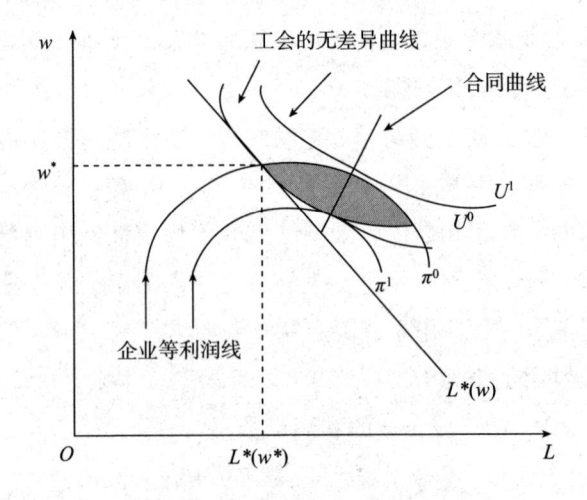

图6-4 工会与企业的博弈分析

上述模型最优解并不能解释现实情况,因为可以考虑降低工资增加就业从而实现帕累托改进。一个更为现实的模型可能是纳什讨价还价模型,即企业和工会之间经常会进行定期或不定期的重复谈判。假定工会和企业之间就工资和就业水平进行磋商,如果双方不能达成协议,工会的效用水平和企业的利润水平都为零;如果双方达成协议,工会的效用水平为 $U(w,L)$,企业的利润为 $\pi(w,L)$。那么,纳什讨价还价解下列问题:

$$\max_{L\geq 0,w\geq 0}U(w,L)(R(L)-wL)$$

最优解的一阶条件是:

$$U_w(R(L)-wL)-U(w,L)L=0$$

$$U_L(R(L) - wL) + U(R'(L) - w) = 0$$

整理得：

$$-\frac{U_L}{U_w} = \frac{R' - w}{L}$$

显然纳什讨价还价解是一个帕累托最优合同。因此，从长期来看，加强工会在企业中的讨价还价力量直接关系到我国农民工资性收入的多少，进而最终影响到我国农民增收。

2. 约束资本进入农业生产领域的垄断力量，保障农民利益

资本进入农村相关产业领域一般会产生两方面结果：一方面，生产效率得到大幅度提高，农业产出率增加，农民收入增加，就业机会增加；另一方面，产业发展所取得的收益在不同的群体中的分配往往按照资本占有量进行，因此农民作为弱势群体一般只是获得极少的增值收益，这一点可以从"公司+农户"以及"公司+合作社+农户"等模式中见到。

资本进入农业生产领域后，农民变为产业工人的数量极少，一般农民往往成为当地"龙头企业"原料供应的后方、后盾，成为产业链条中最薄弱的一环，由此带来的产业经营风险则由农民承担。农民从事相关产业生产的资金投入在市场风险的连带效应下可能会倾家荡产。例如三鹿、蒙牛、伊利这类全国有名的大企业，由于受三氯氰胺事件的影响而停产整顿，成千上万的奶农不得不倒掉牛奶，农民家庭立刻陷入困境。

在农业产业链条利益分配中，外部资本具有先天优势，农民利益难以保障。由于企业的强势地位其可以根据市场情况定价，也可以单方面撕毁合同，因此农民与企业的合作往往是先保障了企业的基本生产利润，然后才是农民的利益。例如，外国资本通过投资甘蔗产业以及育种等产业控制了巴西的农业生产，原料和产品的扩大出口是在外国公司与大土地所有者结成联盟的情况下实现的。大庄园扩大其土地面积，破坏环境，对农业劳动者进行超额利润剥削。这种农业模式是跨国公司与大土地所有者的联姻，它们使用高技术和机械化作业，没有农民家庭农业的地位。

因此，对于大资本进入农业生产领域应当保持高度的警惕，增加市场信息透明度，鼓励农民合作社生产，从而把农业收益留在农民自己手中。

6.4.3 农民家庭经营收入与政府政策干预

1. 农民工资性收入增长,劳动力价格上涨

随着农业补贴以及农业劳动强度的下降,当农业部门生产的边际收益等于外出打工的边际收益的时候,农民必然选择留在村庄进而减少了农村劳动力的供给,导致劳动力价格上涨。2004 年江浙出现的"农民荒"说明农民工收入已经被降低到十分严重的程度。农民宁可回到农村种田也不愿意出来打工,市场上的劳动力供给量减少,客观的起到了刺激工资上涨的作用。2002~2004 年,农民工月均工资由 659 元上升到 780 元,增长 18.4%。而同一时期国内生产总值从 120332.7 亿元增加到 159878.3 亿元,增长 32.9%,同期城镇单位就业人员平均劳动报酬由每月的 1031.1 元增长到 1326.7 元,增长 32.7%。随着政府对农民工政策的出台,农民工收入呈现快速上涨趋势,在 2007 年初,农民工月均工资超过 1300 元,达到 1305 元,比 2004 年增加了 625 元,增长 80.1%。2007 年我国农民工收入占比分布见表 6-4。

表 6-4 　　　　　　　2007 年我国农民工收入占比分布

农民工收入(元)	300~500	500~800	80~1000	100~1200	1200~1500	1500 以上
百分比(%)	2.90	15.60	32.00	13.10	17.20	19.20

资料来源:《中国劳动统计年鉴(2008)》。

2. 建立全国统一的福利保障体系,提高劳动者福利保障是市场经济稳定发展的前提

在我国农村生活水平相对落后的情况下,不可能通过单纯依靠市场机制提供农民福利保障,否则必然导致低收入群体农民无法享受到医疗、教育、住房和养老等基本生活保障,影响社会的长治久安。城乡在福利保障制度上的差异不仅仅是不公平,也造成了社会资源的低效率配置,损失了更多的社会福利。

3. 农村金融支持仍然较低

各大银行商业化运行以后，目前农村信用合作社实际上已经成为农村唯一的资金供给部门，远远不能满足农村发展的资金需求。国有商业银行不断从农村地区撤出，金融供给日益减少；国家对非正规金融的打击与排挤，更加使农村的金融供给窘迫。就市场准入来讲，中国农村金融市场是由农村信用社和农业发展银行垄断的，其实质仍然是由政府控制，不具有真正的自主权和独立权，而且金融产品单一。2016年央行金融机构信贷收支统计显示，即使到了2016年底，金融机构存款占金融资产总量的比重仍然高达73.0%，而债券等占总资产的比重仅为14.2%。产品的单一将大大降低农村金融机构的融资效率，影响贫困地区农村的金融融通。应当设立专项新农村发展基金支持农村发展建设，降低农民贷款利率和风险，扩大农民贷款的范围和数额，真正地进行金融反哺。

从第一个五年计划伊始，国家的经济发展战略和二元金融结构必然使金融深化和金融抑制同时存在于我国金融发展过程中，而且必然表现为以农村的金融抑制来达到城市金融深化的目的，这与工业化进程中，国家对农业、农民和农村经济资源和经济剩余的制度性控制、大规模动员和过度调度是一致的。由于资金的逐利性，金融资源不断从贫困地区流向发达地区，从农村流向城市，从农业流向非农产业。金融资源的匮乏不仅影响农业生产结构的调整及农村基础设施建设，直接导致农业和乡镇企业吸收劳动力能力下降，农民增产增收的难度加大，城镇化进程也相应放慢，最终危及社会的长治久安。因此，确立农民农村改革的主体地位，发挥资金催化剂作用，发动农民互助走向合作，推动农业生产走向融合与产业化是当前比较切实有效的方法。

6.5 本章小结

本章对新农村建设模式进行了探讨，主要从四个方面进行论述：以人为本的发展模式分析、公共物品提供分析、影响因素分析和新农村建设的模式构建。

以人为本发展模式是新农村建设所有模式的核心,早期考察农村理论的专家们对农村建设模式的总结存在一定偏差,只有从以人为本的立场考察农村发展,才能找到我国农村发展滞后的原因。

公共物品在不同的经济发展水平下有着不同的界定,因此,公共物品与一般商品之间没有明确的界限。而公共物品提供是我国"三农"问题的根本症结所在,国内外相关事实证实,只有经济发展到一定水平后公共物品的提供才能够不同程度的由私人提供,纯公共物品依然需要由政府提供,公共物品的提供水平是农民福利水平的基本保障。本章将我国农村发展过程中公共物品的提供划分为四种模式,结合具体的案例解释了我国各种提供模式的优劣。

对我国社会主义新农村建设影响因素的分析主要侧重于农民的收入水平,从农民收入的四个来源来看,工资性收入和家庭经营收入占据了农民收入的大部分。一方面,农民工的工资受到劳动力无限供给的影响,短期内不可能大幅度提高,因此,必须调整农民务工人员与企业之间的利益分配,保证农民工资性收入的不断提高。另一方面,农业收入的增加依然需要科技力量的支撑,增加农业基础设施投入以及科研投入力度都是提高农民收入的重要途径。

本章对新农村建设模式提出了构想,根据公共物品供给方式、持续发展潜力、发展资金来源、区域间发展差异、要素流动状况等标准,提出我国农村发展的三大模式:政府帮扶模式、乡村自我升级模式和乡村扩张模式。其中,政府帮扶模式包含集体搬迁和重建、政府直接投入和政府投入集体兴办企业三种模式;乡村自我升级模式包含强化集体功能、筹集集体发展资金、村庄公司集团化、私人购买公共物品和村庄合并五种发展模式;乡村扩张模式包含集体福利扩张和集体资本扩张两种模式。

第 7 章

结论与政策建议

7.1 结论

1. 产业聚集和专业化是乡村发展的核心经济力量

在产业结构上，随着村庄的经济发展，专业化水平越高则村庄的富裕程度也越高，而没有一定的产业聚集度，则村庄没有形成规模效应，难以有较大的发展，一般人均收入就相对较低。从分化指数来看，我国由农业国向工业国转变的过程中，GDP 的增长伴随着我国三次产业的不断分化，第二、第三产业的比重不断增加，第一产业的比重逐渐降低。从微观结果来看，典型村庄的发展也经历了产业的聚集和分化过程，收入较低的村庄没有出现明显的产业分化。

2. 城乡一体化是新农村建设的历史任务

第一阶段，我国处于工业化的初期，国家工业化依靠提取农业剩余来积累原始资本。通过户籍制度抑制农村劳动力流向城市，人为地把农民约束在土地上从事农业生产。政府对农业的财政支持主要在大型农田水利项目建设上面，通过整山治水、农民无偿提供劳动等发展农业生产，支持工业化进行。在公共福利上则通过推行义务教育、合作医疗等措施，由政府提供低水平的农民生活保障。

第二阶段，农村发展目标从温饱逐渐向小康过渡，市场经济体制下如何增加农民收入成为本阶段的主要问题。生产要素不断地从农村流向城市;农村土地市场在流转中成为地方政府的主要财政收入来源;农村劳动力外出务工增加,但是难以迁移出农村;资本以储蓄、工农产品价格"剪刀差"、农民定居城市等方式流出农村。在公共物品供给方面实行了市场化改革,农民的负担增加了,成为威胁社会稳定的主要因素。

第三阶段,新农村建设打破了城乡二元社会经济结构,从单纯以经济建设为中心转向以人为本的和谐社会建设。通过加强土地监管力度,让农民分享更多的土地收益;提高农村劳动力工资待遇以及基本生活保障,增加工资性收入比重;鼓励多元化的投资主体对农村进行投资,金融部门提供更多的优惠政策,大力促进资金向农村的流转。政府将加大公共物品提供力度,从根本上减轻农民负担,提供全国统一的保障体系。

从资本的流动方向来看,前两个阶段不同程度地存在生产要素从农村流向城市,进而形成和固化了城乡二元经济社会结构,而新农村建设的提出则是从根本上破除这种生产要素的单向流动,进而形成全国统一的福利保障体系。

3. 完善的法律体系、系统的规划与统一的保障体系是国外农村建设的重要经验

韩国"新村运动"通过发扬农民自力更生的精神,改革官员政绩考核制度,做到项目实施的有计划性,农民建设有积极性,官员执行有主动性。日本农村稳定发展的两个条件是建立综合农协与全国统一社会保障体系。其中,综合农协配合日本的国家农业保护政策,解决了个体农民在生产中的各种生产问题。全国城乡统一的社会保障体系通过法律强制的手段解决了农民的后顾之忧,大大减轻了农民负担。英国的农村发展与城市发展是同步进行的,有比较完整的工人保障法律体系和农业保护体系。美国农村依靠农业法律体系保障得到发展,实现了农业生产发展的规范和约束,农村获得快速发展。

4. 增加农村公共物品供给是提高农民福利的重要途径

公共物品的供给水平是提升农民福利水平的主要途径,一般纯公共物

品依然需要政府提供，其他则应鼓励民间资本进入。人均收入和产业发展只能衡量农村经济水平，且人均收入掩盖了群体间差异，产业发展只代表了资本的聚集程度，往往难以反映公共服务的普惠性水平。因此，只有增加公共物品的供给才能有效提升农村整体福利水平，同时，通过改善乡村交通、河流、活动场所等外部环境也能优化产业投资生态与人居生活环境，推动美丽乡村的快速实现。

5. 提高农民收入重在调整利益分配关系

目前，我国农民工资性收入比例在家庭收入中所占比例逐步提高，受劳动力结构性过剩的影响，短期内工资性收入不可能大幅度提高，因此，只有调整农民务工人员与企业之间的利益分配，才能保证农民工资性收入的不断提高。

改革开放后，外部资本通过"公司+农户""公司+中介+农户"等形式与农民直接或间接进行产品的交换。由于其强大的资本优势，农民的谈判地位相对较低，在利益分配中难以形成对等的话语权。目前农民合作组织发展缓慢且多数并不规范，还难以取得与其他主体相同的谈判地位。中华人民共和国成立几十年来的经验表明，通过组建各种农民合作社的形式，对外部资本垄断力量进行必要制约，调整利益分配格局，才能解决利益不一致以及谈判地位不对等问题。

6. 政府帮扶、乡村自我升级与乡村扩张是新农村建设的三种主要模式

根据公共物品供给方式、持续发展潜力、发展资金来源、区域间发展差异、要素流动状况等标准，把我国农村发展分为三大模式：政府帮扶模式、乡村自我升级模式和乡村扩张模式。其中，政府帮扶模式包含整体搬迁和重建、政府直接投入和政府投入集体兴办企业三种模式。政府帮扶模式包含的地区特征为：区域经济发展落后，持续发展的潜力较小，没有外部资金扶持，人口自然外流的意愿强烈。乡村自我升级模式包含强化集体功能、筹集集体发展资金、村庄公司集团化、私人购买公共物品和村庄合并五种发展模式。乡村自我升级模式包含的地区特征为：地区经济发展适中，持续发展有潜力，不需要外部资金扶持，居民外流意愿不强烈。乡村扩张模式包含集体福利扩张和集体资本扩张两种形式。这一模式包含的地区特征为：区域经济高度发达，持续发展潜力巨大，吸纳外部资金和劳动力，外部居民移入意愿强烈。

政府外部资本介入程度与农村的村级经济力量共同决定了农村发展模式的选择。村级经济一定程度上弥补了政府的缺位，能够更好地依据本村的具体情况提供本村需要的公共物品与发展规划。对于贫困地区而言，壮大村级集体经济，整体搬迁以及全额支付公共物品和服务是政府资金的主要用途。对于中等发达地区而言，政府不用投入过多资金，而是以扶持地方产业为特征，通过工会力量、土地审批、税收等手段抑制本地资本的外流，依靠政府与当地产业发展的正外部效应提供相应的公共物品。对发达地区而言，则可以通过私人购买的形式提供公共物品和服务，政府负责制定相关的法规来约束市场垄断力量和市场不规范行为，提供居民公平和谐的生活环境。

7.2 政策建议

1. 加大财政支持力度，促进农村产业升级

农村普遍缺乏的是产业发展的启动资金，所以外部资本注入或土地置换资本成为改革开放以来农村发展的经验。因此，必须加大财政支持力度，改善商业银行对农村的政策歧视，加大政策性银行对农村相关产业的支持，鼓励发展多种民间金融合作形式，增加外部资本对农村的投入量，切实保障农村各方利益。

2. 加强农业法律、农村保险、考核制度、土地流转等保障性举措

（1）通过大力宣传新农村建设，调动农民的积极性，引导农民成为新农村建设的主体。通过农村居民之间的互助合作，推动村庄环境整治可以大大降低农村建设的成本。（2）发展本村的各项产业，增加农民收入的同时，强化村级集体功能，降低农民弹性支出，例如在教育、医疗等方面施行村庄内部的免费使用。（3）通过官员问责制度，将农村发展作为政绩考核的主要指标，让官员参与到农民培训中去，强化其农村建设责任感。

(4) 建立农村各项保险制度，维护农业的稳定发展。(5) 完善农业法律体系，保护农民利益，促进农村健康持续的发展。（6）促进土地的合理流转，提高土地的使用效率，严查土地非法侵占损害农民利益的案件。

3. 鼓励多元化资金进入农村，完善农村公共物品供给市场

农村不同地区的区域经济文化发展水平存在较大差异，政府应当根据不同的发展水平确立资金的投入方向和数量。在建立农村基本生活保障体系包括教育、医疗、养老和住房的前提下，在经济发达地区积极鼓励企业和私人进入准公共物品提供领域，为企业和产业发展提供良好的生存空间；在经济发展一般的地区考虑政府承包、参与和协调等多种方式的农村扶持工作，增强相关产业发展动力以及确保低收入阶层正常的生活保障；在集体经济与个体经济均落后的地区，通过鼓励农民创业、扩大集体创收能力、政府承包部分公共物品供应等手段实施转移农民合并农村、公共物品政府或集体承包制、集体带动产业发展、个人创业等多种兴村战略。

4. 因地制宜选择新农村建设模式

根据本地的自然资源、人文环境、生产要素情况，合理地选择适宜本地发展的模式。地区自然资源贫乏、环境恶劣往往就要搬迁或政府进行大规模的村庄改造工程；而自然条件、资源禀赋等一般的地区，如果政府不能提供相应的资金支持，往往需要通过自身的资本积累或产业发展完成产业的升级和改造；自然资源、生产要素丰富的地区可以通过吸纳外部资金进行开发，以及通过自身辐射能力进行资本扩张和福利扩张，带动周边村庄的发展。

5. 积极引入外部资本，协同推进产业发展

外部资本通过其强大的生产要素定价权，通过工资、土地流转、市场垄断等手段使资金流出农村，对新农村建设中的公共物品以及相关服务也往往难以承担责任。通过集体引进和入股、农民土地和资金入股、工会和村民代表组织介入、农业合作社等形式约束资本垄断力量和固化资本投入；通过积极地引入外部资金发展本地相关产业，持续推动本地经济的发展。

参 考 文 献

[1] 陈锡文. 当前的农村经济发展形势与任务 [J]. 农业经济问题, 2006 (1): 7-11.

[2] 陈锡文. 增进农民福祉的新农村建设 [J]. 中国发展观察, 2007 (4): 52-54.

[3] 陈锡文. 准确把握社会主义新农村建设 [J]. 山西农经, 2006 (3): 3-4.

[4] 陈曦文, 王乃耀. 英国社会转型时期经济发展研究 [M]. 北京: 首都师范大学出版社, 2002: 121.

[5] 陈昭玖, 周波, 唐卫东等. 韩国新村运动的实践及对我国新农村建设的启示 [J]. 农业经济问题, 2006 (2): 72-77.

[6] 程建平. 中国与日本农村剩余劳动力转移模式比较研究 [J]. 郑州大学学报（哲学社会科学版）, 2007 (3): 32-35.

[7] 程漱兰. 中国农村发展：理论和实践 [M]. 北京：中国人民大学出版社, 1999.

[8] 储昭根. 韩国专家忠告：中国新农村建设应以村民意向为基础——韩国专家谈韩国"新村运动"经验与教训 [J]. 观察与思考, 2007 (2): 33-35.

[9] 德意英农村发展考察组. 德意英三国农村发展考察及其启示 [J]. 中国发展观察, 2007 (7): 55.

[10] 董宏林. 英国农业补贴及农业保护政策 [J]. 农村工作通讯, 2006 (8): 62.

[11] 杜晓燕, 李景平, 尚虎平. 比较毛泽东、梁漱溟乡村建设思想加速"三农"问题解决进程 [J]. 农业经济, 2006 (2): 6-8.

[12] 杜鹰. 现阶段中国农村劳动力流动的群体特征与宏观背景分析 [J]. 中国农村经济, 1997 (6): 4-11.

[13] 费孝通. 从实求知录 [M]. 北京: 北京大学出版社, 1998.

[14] 高俊书. "三农"问题与农村文化建设 [J]. 社会科学论坛, 2005 (8): 132-134.

[15] 高珊, 包宗顺, 金高峰. 江苏新农村建设的典型模式及启示 [J]. 经济问题, 2007 (8): 82-84.

[16] 国家发展和改革委员会宏观经济研究院课题组. 全面建设小康社会的目标与任务 [M] // "十一五"规划战略研究. 北京: 北京科学技术出版社, 2005: 99-123.

[17] 李佐军. 工业化国家和地区工业反哺农业的经验 [J]. 红旗文摘, 2007 (12): 31-33.

[18] 郭亨孝. 加拿大农村现代化之路与中国农村发展 [J]. 农村经济, 2006 (12): 124-127.

[19] 郭杰忠, 黎康. 关于社会主义新农村建设的理论研究综述 [J]. 江西社会科学, 2006 (6): 217-225.

[20] 郭蕊. 整合财政支农资金建设社会主义新农村的路径选择 [J]. 理论探讨, 2007 (5): 93-95.

[21] 郭晓帆, 林芳兰. 新农村建设模式思考 [J]. 海南广播电视大学学报, 2006 (6): 28-30.

[22] 李昌平. 新农村建设需要四大制度性突破 [J]. 学习月刊, 2007 (7): 22-23.

[23] 王建. 2030年: 中国空间结构大调整 [J]. 中国改革, 2005 (8): 53-56.

[24] 卢峰. 比较优势与食物贸易结构——我国食物政策调整的第三种选择 [J]. 经济研究, 1997 (2): 3-11.

[25] 王亚华, 胡鞍钢. 中国水利之路: 回顾与展望 (1949—2050) [J]. 清华大学学报 (哲学社会科学版), 2011 (5): 99-112.

[26] 李伯宁. 我国的水资源和水利建设 [J]. 农业经济丛刊, 1981 (3): 19-27.

[27] 郭晓诺. 韩国"新村运动"对我国社会主义新农村建设可持续发展的启示 [J]. 华南农业大学学报（社会科学版），2006（12）：48-51.

[28] 韩国内务部. 新村运动 [Z]. 1974.

[29] 何庚文. 社会主义新农村提法的来源探析 [J]. 湖北教育学院学报，2006（9）：29-30.

[30] 贺聪志，李玉勤. 社会主义新农村建设研究综述 [J]. 农业经济问题，2006（10）：67-73.

[31] 贺雪峰. 坚持"低消费、高福利"的新农村建设方向 [J]. 学习月刊，2006（1）：12.

[32] 贺雪峰. 立足增加农民福利的新农村建设 [J]. 学习与实践，2006（1）：84-89.

[33] 胡景北. 质疑新农村运动衷心希望不重蹈覆辙 [EB/OL]. 新浪财经，2006-02-09.

[34] 胡拓坪. 乡镇公共产品的供求矛盾探析 [J]. 财政研究，2001（7）：31-36.

[35] 华彦玲，余文学. 韩国"新村运动"对建设我国新农村的启示 [J]. 台湾农业探索，2007（3）：71-74.

[36] 贾瑞芬，吕世辰. 英国农村发展模式对中国新农村建设的启示 [J]. 山西高等学校社会科学学报，2008（3）：81-84.

[37] 简新华，何志扬. 中国工业反哺农业的实现机制和路径选择 [J]. 南京大学学报（哲学·人文科学·社会科学版），2006（5）：28-35.

[38] 蒋和平，朱晓峰等. 社会主义新农村建设的理论与实践 [M]. 北京：人民出版社，2007：10.

[39] 蒋建忠. 新农村建设：韩国的经验与借鉴 [J]. 决策，2006（1）：52-53.

[40] 解安. 韩国新农村运动经验及其借鉴 [J]. 中国社会科学院研究生院学报，2007（7）：11-16.

[41] 金人华. 韩国的绿色革命 [M]. 农村发展办公室，1978.

[42] 金小川. 公共产品生产的国际比较 [J]. 学术研究，2007（1）：4.

[43] 雷晓康. 公共物品提供模式的理论分析 [D]. 西安: 西北大学博士学位论文, 2003.

[44] 李洪江, 潘洪清. 论公共物品的提供 [J]. 中国煤炭经济学院学报, 2000 (4): 20-22.

[45] 李靖. 韩国的新村运动及启示 [J]. 毛泽东邓小平理论研究, 2007 (2): 66-71, 84.

[46] 李君如. 十六大与"全面建设小康社会" [J]. 上海行政学院学报, 2002 (4): 4-12.

[47] 李凌云, 丁法营, 王艳成. 新形势下农村剩余劳动力合理转移的思考 [J]. 焦作大学学报, 2001 (1): 28-30.

[48] 李世安. 英国农村剩余劳动力转移问题的历史考察 [J]. 世界历史, 2005 (2): 15-26.

[49] 李岩, 申军. 日本的新农村运动初探 [J]. 农业经济, 2007 (4): 22.

[50] 李艳琼, 嘉蓉梅. 我国城市化过程中土地征用与土地管理问题的理性反思——对全国东、中、西部1538个失地农户的调查分析 [J]. 农业经济导刊, 2007 (3): 84-90.

[51] 李怡, 罗勇. 韩国工业化历程及其启示 [J]. 亚太经济, 2007 (1): 51-55.

[52] 梁漱溟. 乡村建设理论 [M]. 山东: 邹平书店, 1937.

[53] 林毅夫. "三农"问题与我国农村的未来发展 [J]. 农业经济问题, 2003 (1): 19-24.

[54] 刘承礼. 韩国后新村运动的经验值得借鉴 [J]. 经济纵横, 2007 (1): 54-57.

[55] 刘芳. 国外"农民工"社会保障经验及其借鉴 [J]. 乡镇经济, 2007 (6): 47-52.

[56] 刘刚, 雷俊忠, 赵世勇. 中国建设社会主义新农村的思考——四川建设社会主义新农村模式初探 [J]. 农村经济, 2006 (7): 10-12.

[57] 刘海庆. 论我国小康社会 [M]. 南宁: 广西人民出版社, 2003: 2.

[58] 刘洪云，李伟峰. 完善当前我国农村金融体系的研究 [J]. 安徽农业科学，2007，35 (30)：9786-9787.

[59] 刘文俭，杜成君. 社会主义新农村建设的模式选择 [J]. 中国党政干部论坛，2006 (9)：22-23.

[60] 刘燕，张荣杰. 社会主义新农村建设研究综述 [J]. 山东省农业管理干部学院学报，2007 (1)：27-29.

[61] 刘自强. 乡村空间地域系统的功能多元化与新农村发展模式 [J]. 农业现代化研究，2008 (9)：532-536.

[62] 陆相欣. 韩国的新村运动及其启示 [J]. 理论探索，2007 (4)：108-110.

[63] 陆学艺. 改革中的农村与农民——对大寨、刘庄、华西等13个村庄的实证研究 [M]. 北京：中共中央党校出版社，1992：4.

[64] 马晓河. 工业反哺农业的国际经验及我国的政策调整思路 [J]. 管理世界，2005 (7)：55-63.

[65] 茅于轼. 新农村建设不能搞运动 [N]. 中华工商时报，2006-03-20.

[66] 农业部调研组，社会主义新农村建设百村调研汇集 [M]. 北京：中国农业出版社，2006：6.

[67] 农业部人民公社管理局，农村社队致富之路 [M]. 北京：农业出版社，1981.

[68] 农业部信息中心. 安徽、江苏两省农村税费改革试点情况考察报告 [R]. 2003.

[69] 朴昌根. 韩国产业政策 [M]. 上海：上海人民出版社，1998.

[70] 朴振焕. 韩国新村运动——20世纪70年代韩国农村现代化之路 [M]. 北京：中国农业出版社，2005.

[71] 曲延春. 韩国新村运动及对我国新农村建设的启示 [J]. 农业经济，2006 (10)：14-16.

[72] 施锡铨. 博弈论 [M]. 上海：上海财经大学出版社，2000.

[73] 水利电力部. 中国农田水利 [M]. 北京：水利电力出版社，1987：25-34.

[74] 孙津, 封颖. 变集体所有为公共所有的新型土地生产关系创制 [J]. 经济社会体制比较, 2006 (5): 111-115.

[75] 陶文昭. 韩国新村建设的启示 [J]. 理论视野, 2007 (1): 20-22.

[76] 王金霞, 赵丹心. 定县模式—北碚模式: 两种不同乡村建设模式的取舍 [J]. 河北师范大学学报（哲学社会科学版）, 2005 (3): 10-14.

[77] 王凯涛, 顾志明. 论城市公共物品及其提供 [J]. 武汉冶金科技大学学报（社科版）, 1999 (4): 26-29.

[78] 王艳萍. 浅析准公共物品的定价问题 [J]. 河南社会科学, 2000 (4): 38-40.

[79] 王再文, 李刚. 我国社会主义新农村建设理论研究综述 [J]. 经济问题, 2007 (2): 82-84.

[80] 王振. 大城市郊区新农村建设的目标模式与政策思考 [J]. 社会科学, 2006 (7): 126-132.

[81] [德] 韦伯著, 林荣远译. 经济与社会 [M]. 北京: 商务印书馆, 1997.

[82] 温铁军. 解构现代化 [J]. 管理世界, 2005 (1): 77-90.

[83] 温铁军. 新农村建设: 挑战与反思 [J]. 理论探讨, 2006 (6): 74-76.

[84] 吴士健, 薛兴利, 左臣明. 试论农村公共产品供给体制的改革与完善 [J]. 农业经济问题, 2002 (7): 48-52.

[85] 谢扬. 新农村建设是城镇化战略的重要组成部分 [J]. 新视野, 2006 (4): 10-12.

[86] 邢福俊. 城市公共物品供给的主体选择、效应分析与对策探讨 [J]. 中央财经大学学报, 1999 (9): 11-14.

[87] 熊巍. 我国农村公共产品供给分析与模式选择 [J]. 中国农村经济, 2002 (7): 36-44.

[88] 徐世平. 浅议美国的农业立法 [J]. 人大研究, 2006 (6): 41-44.

[89] 许海涛. 河北乡镇及行政村合并提速 [N]. 中国青年报, 2004-05-28.

[90] 牛若峰. 论我国农业的症结与出路 [J]. 中国农村经济, 1992

(5): 11-16.

[91] 杨海斌. 我国现阶段的高利贷研究——以山西省为例分析 [J]. 新疆财经, 2004 (2): 33-34.

[92] 杨勇等. 发达国家农村公共产品供给中政府的作用及启示 [J]. 经济纵横, 2008 (2): 115-116.

[93] 叶敬忠, 张楠, 杨照. 不同角色对新农村建设的需求差异 [J]. 农业经济问题, 2006 (10): 35-42, 80.

[94] 于战平. 论社会主义新农村建设模式 [J]. 世界农业, 2006 (10): 4-7.

[95] 曾照英. 长三角地区城市化过程中的土地问题研究 [J]. 湖南财经高等专科学校学报, 2007 (5): 63-65.

[96] 张秉福. 民国时期三种乡村建设模式比较与借鉴 [J]. 现代经济探讨, 2006 (4): 26-30.

[97] 张存涛, 焦必方. 经济发展与社会和谐——韩国社会政策调整及对中国的启示 [J]. 社会科学, 2007 (3): 26-32.

[98] 张吉成, 刘楠. 日本农村社会保障制度对我国的启示 [J]. 内江科技, 2006 (3): 78.

[99] 张利庠. 可资借鉴的八种新农村发展模式 [J]. 农业产业化, 2006 (4): 57-58.

[100] 张维迎, 博弈论与信息经济学 [M]. 上海: 上海人民出版社, 2004.

[101] 张新光. 中国社会主义新农村的历史定位与建设重点 [J]. 黄山学院学报, 2006 (6): 72-75.

[102] 仲大军. 户籍制度与二元结构对中国农村的影响 [J]. 中国国情国力, 2001 (2): 14-17.

[103] 仲伟周. 论地方公共物品的私人供应 [J]. 当代经济研究, 1999 (8): 66-69.

[104] 周寿祺. 探寻农民健康保障制度的发展轨迹 [J]. 国际医药卫生导报, 2002 (2): 18.

[105] 周维宏. 新农村建设的内涵和日本的经验 [J]. 日本学刊,

2007（1）：127-160.

［106］朱新方. 新农村建设模式的比较与分析［J］. 长江大学学报（自然科学版），2008（3）：95-98.

［107］邹进文，王芸. 国民政府时期乡村经济建设思潮研究［J］. 中南财经政法大学学报，2006（4）：110-114.

［108］叶益琼. 给"水上吉普赛人"一个安定的家［J］. 中国水产，2010（6）：19-21.

［109］陈秋红，于法稳. 美丽乡村建设研究与实践进展综述［J］. 学习与实践，2014（6）：107-116.

［110］陈青. 特色小镇大盘点：中国127个特色小镇都有哪些特色，［EB/OL］. 新华网，2017-02-04.

［111］Ching Pao-yu. China's Rural Reform and Grain［EB/OL］. http：//finance. sina. com. cn/review/zlhd/20060209/13322329407. shtml. 1988.

［112］Samuelson, Paul A. The Pure Theory of Public Expenditure［J］. The Review of Economics and Statistics，1954，36（4）：387-389.

［113］Savas, E. S. Privatizing the public sector：How to shrink government［M］. Chatham, N. J.：Chatham Holse Publishers, 1982.

［114］Wickstrom, Bengt-Arne. Regulation of natural monopoly：A public-choice perspective［A］. in Atle Midttun and Eirik Svindland ed. Approaches and dilemmain economic regulation：politic, economics and dynamics［C］. New York：Palgrave, 2001：55-73.

［115］Chang Soo Choe. Key Factors to Successful Community Development：The Korean Experience［EB/OL］. Institute of Developing Economies, 2005.

［116］Yong Hyo Cho and Jung Jay Joh. Urbanizing the Rural Economy of Korea：The Central Government Policies to Develop Industries in Rural Areas［J］. Asian Journal of Public Administration, 1988, 10（2）：175-193.

［117］Deane, P. The First Industrual Revolution［M］. UK：Cambridge University Press, 1965：146, 138-139, 273.

［118］Fiiyd, R. McClosky, D. The Economic History of Britain since 1700［M］. UK：Cambridge University Press, 1981：184-185, 190.

[119] Thurisk, Joan. The Agrarian History of England and Wales [M]. UK: Cambridge University Press, 1981: 240.

[120] Mingay, G. E. Enclosure and the Small Farmer in the Age of the Industrial Revolution [M]. London: The Macmillan Press Ltd, 1968: 12–30.

[121] Overton, Mark. Agricultural Revolution in England 1500–1850 [M]. UK: Cambridge University Press, 1996: 161, 174.

[122] Chambers, J. D. and Minigay, G. E. The Agriculture Revolution 1750–1880 [M]. London: B. T. Batsford Ltd, 1966: 172–174.

[123] Hill, C. P. British Economic and Social History 1700–1982 [M]. London: Edward Amold Ltd, 1985: 20.

[124] Habakkuk, H. J. The Cambridge Economic History of Europe [M]. UK: Cambridge University Press, 1978: 143–144.

后　记

　　首先要感谢我的博士生导师刘旭院士与师兄王秀东研究员，没有他们的努力这本书也不可能得以问世。欣喜的同时，我也更加汗颜和诚惶诚恐，深怕井底浅见浪费他人的宝贵时间，更怕其中的谬误误导他人，谨此我将博士论文重新通读修订，尽量保持研究工作的科学严谨，希望能为农村研究者提供些许参考，欢迎专家学者不吝指教。

　　我是河北青县侯家营人，上面有六个姐姐，我是最末的老七。记忆里的故乡，白晃晃的盐碱地上零散长着几棵高大碧绿的碱蓬，如秃子头上的疥癣，一眼望不到头的麦田如歌中所唱的"涌动着金色的麦浪"，我们坐着骡子车在田地与家之间钟摆般游走，还有夜里闪着红光的烟头在闲聊中燃烧着岁月。我儿时大部分时间都是在拔草，从春天的"小麦熟"到秋天的"好汉拔"，那些春夏秋冬的轮回中梦里时常出现麦田白晃晃的光，还有母亲带来的咸鸭蛋。我感觉我只是一匹会说话的马，捆绑在命运的磨盘上周而复始地消耗光阴直到老去如灰尘般消失。那时我的梦想，就是离开温情却如泥潭一样的环境，希望自己能够让父辈不必终日在地里用体力刨食，这也一直成为我求学阶段的动力来源，让我终究走近了这个目标并且隔岸相望了。后来我发现农民身上拥有的文化烙印已经深入灵魂，"三农问题"并非单纯依靠农业技术或者发展经济就能解决的，追求物质生活的盲动表象下，更多的是灵魂躁动与文化信仰的重塑过程，拨动这根大弦需要大力。在时代的潮流中我感到深深的无力，那山那水那人像一个个旋转的陀螺在自己的运行轨迹上演化跳跃，我能做的可能只是提供一个视角，展现农村演变历程中的发展规律，让一线真正的操盘高手们去创造农村的"中国梦"，若真如此就足矣。

　　研究"三农问题"的专家学者很多，从晏阳初的农村实验，到费孝通的农村调查，再到温铁军、李成贵等专家为"三农"呐喊，在此向前辈们的努力和诚意致敬！农村所面临的问题其实较为复杂，二元结构下农村独立运行体系瓦解，乡绅治理消失与家族血缘淡化后个体的迷茫和无助，格局远较城市变迁更加复杂和剧烈，也不同于欧美产业工人的转移，甚至与东南亚、日韩的农村变迁也较多不同。农村发展模式分析实际并不是剖析几个样本就可以看清楚的工作，甚至优秀样本的定义都值得商榷，在经济发展仍为重心的现阶段，我们认为以农民生活水平作为参照仍是理性和科学的一个标准，因此本书用历史性眼光，结合国内外典型优秀样本来观察内部发展要素的变化，仍具有一定的普遍意义。

纵向来看，每一次的农村变革均与生产工具革命密不可分，可以说只有将劳动力从地头解放出来，才有机会产生新的社会结构。我国农村大约经历了三个阶段。第一阶段，即为传统的农耕文明下的农村，体现在生产工具以及相应的乡绅治理结构，或者封闭自治结构。这个阶段，生产力仍然以传统的体力劳动为主，农民并不外出打工或不能外出打工，一直伴随封建王朝的终结与革命的成功并延续到20世纪60年代。这个时间点，其实世界范围内已经发生了翻天覆地的变化，包括以农业机械化、农药、化肥为代表的石油农业，新一代科技世界范围内的传播已经跃跃欲试，冒出来的嫩芽已经开始显出特有的时代光芒，预示着新时代的来临。

第二阶段，伴随我国改革开放以及经济高速发展，以20世纪70年代以来兴起的绿色革命为代表，这一阶段良种、农药、化肥的使用带来了作物产量的大幅度提升，农村温饱问题逐步解决，随农村经济社会变革而来的新矛盾也提上日程。在市场经济和农业科技的推动下，传统封闭经济与文化藩篱逐步破局，农村劳动力得到快速解放，工资性收入成为家庭的重要收入来源，也由此带来了农民工、留守儿童、农村生态环保、农村养老等问题，还有部分公共服务市场化带来的医疗、教育等问题，"三农问题"浮出水面，新农村建设已经呼之欲出。

第三阶段，城镇化与改革开放持续深入，"三农问题"得到重视并开始着力解决，新农村建设上升到国家战略层面，从新农村建设提出到美丽乡村建设，反映出政府对农村的战略构想和期望，对新农村建设提出更加明确的路径解读与改革深化，从物质生活层面上升到城乡统筹发展层面，

后　记

更加贴近农村需求的核心，为以经济发展为核心的乡村建设增加了温情和文化烙印。我的眼前展现出未来农村的画面：乡间的柏油路通畅无阻，清澈河水曲曲折折流淌，房屋错落有致的镶嵌在绿林花间，鸡犬相鸣，人们相敬如宾做着各自喜欢做的事情，在时光的长河中优雅生活。

时代在变化，世界越来越小，时间越走越快，我们在不知不觉中来了去了，当生存不再成为唯一追求，灵魂或许应该紧跟一步追上那个跑快的疲惫身体。2009年博士毕业后，我在咨询公司先后投身到各行业发展研究中，挥洒自己的青春和热血。在对农业及其他行业的研究过程中，一样的等待它们开花结果，忙碌中不见高山流水不闻鸟语花香，光阴催促瞬间老去。有一天，我忽然惊觉城乡的差别可能并不在于经济水平差异，困住农民的也不是农村和农业，而是隐藏在每个人内心深处的生存焦虑和对生活的无力，如何在欲望的草原上不再成为猎物，如何在温饱后给心灵一个安居之所，这才是城镇化背景下农村真正面对的重大课题。

最后，还是要容我花重笔墨来感谢那些工作前后一路同行的亲人和贵人，有了他们的陪伴与教导让我生命里有了独特的温度和色彩。首先感恩我的父母亲，父亲的刚正不阿让我骨子里始终流淌着高贵的血，母亲的勤勉持家、乐于助人以及对我无微不至的呵护，一想起来就如灶膛中跳跃的火焰印满淡黄色的温馨，我却未能在膝下给予物质上的照顾，想来却再也无法弥补此缺憾。然后是我的姐姐们，她们教导不谙世事的我随顺农村的各种风俗，血浓于水的感情让我总是期望能叶落归根回到她们身边，没有她们的支持和帮助，我可能真的应付不来各种人情世故，也不能安心在北京工作，希望她们身体健康、生活美满。感谢我的妻子和孩子，妻子自律、善良、聪敏以及对学术的追求都深深吸引我，她的宽容与理解以及无微不至的关心和呵护，让我的博士生涯更加的饱满，孩子的出生让我也更加体会到身为人父的责任与压力，理解了天下父母对孩子的期望和祝愿。

在学业的追求中，缘分极深的师长、师兄（姐）弟（妹）、同学、朋友虽然各在他方工作，但过去的岁月永远留在我的心里，让人生色彩纷呈温暖如春。硕士三年的求学生活，是我最温暖的一段时光，也是我独立、自信、觉悟的起点。感谢河北农业大学陶佩君教授以及张月辰研究员，难忘恩师的教诲与生活中的点点滴滴，是他们教会了我规范的科学研究方法和严谨的治学精神，教会了我待人接物及为人处事，他们的关怀使我的小宇宙充满力量，再多的美誉也难以表达我的感激之情。还要感谢河北农业大学的马峙英教授、李存东教授、李雁鸣教授、张立峰教授、崔彦宏教授、郑桂茹研究员、甄文超教授、张建恒研究员，你们孜孜不倦的科研精神以及对我的关爱至今都历历在目，希望老师们合家幸福，工作顺心！还要感谢王桂荣、刘小敏、张永升、崔永福、龙丽丽、尹淑丽、邓小鹏、尹宝重、韩秋成、安丹丹、陈曦、何建华、李磊、朱亚楠、杜素红、王艳峰、范玉陶、王娜等同门师兄弟们，虽然我们都各奔东西，但我们的心脉永远连在一起。感谢我的大学同窗们，特别是好兄弟郭江、武墨广、孟成生、魏学宁、杜雄、胡玉昆、孙晓诺、老张、老潘、阿凤等，怀念那个青涩而轻狂的年龄，怀念与你们共度的美好时光，同窗之情，手足之谊永生难忘，希望你们事业有成，家庭美满！最后，还要感谢那些心怀苍生的兄弟们，有你们同行我才有信心面对一次次的选择和困惑，怀念小水村的兄弟以及太行情的成员，感谢邱建生、潘家恩、刘健全、陶家军、石林丹等同志及友人，是你们鼓励我在研究农村发展的道路上不断前行，祝你们事业有成，诸事遂愿！

博士三年的时光农经所的各位老师从开题到考核和论文成型都给予我莫大的帮助。很幸运能够拜在刘旭院士门下，他的高屋建瓴与严谨治学，促使我在科研中反复推敲探索，研究能力得到提升，尤其生活学习上的帮助与关心，让我更加专心科学研究，祝愿导师身体健康，万事如意。同时，感谢秦富所长、许越先院长、夏英研究员、李先德研究员、朱希刚所长、王东阳所长、王志本研究员、李宁辉研究员、樊胜根研究员、赵芝俊研究员，他们对本书的框架、思路以及形成提出了宝贵的意见。感谢中国人民大学孔祥智教授点拨，能够得到他的指点三生有幸，感谢中国农业大学李秉龙教授先后两次提出的建议，感谢中央民族大学李澜教授提供的诸多资料和信息，感谢中国人民大学温铁军教授，他的研究深刻影响了我硕博阶段的研究方向，多年前的农村调查已经融入论文的血脉，再次向温教授致谢。感谢高琼瑶老师的辛苦操劳，给予我们的是更多的温暖，祝您身体健康，家庭幸福！感谢师兄（姐）弟（妹）王秀东、郭燕枝、杨建仓、王丽平、孙丽萍、温小杰、郭敬利、宋莉莉，你们的帮助让这三年充满了阳光，祝愿大家工作顺利生活安康。感谢420宿舍的舍友李鹏、孟俊杰、杨伟民、梅付春、杨建青以及王剑、王川、喻闻、郭春艳、杨艳涛、王婷、李宁、王茜、王素霞、张玉梅等诸位博士的关怀与帮助，我们友谊常在。

博士毕业后，还有很多贵人在我生命中相遇，让我身心常沐清凉光明，感恩得到雪漠老师的指导，感恩遇到陈尚琪、张德栋、陈亦新等宿缘兄弟，祝愿他们获得非凡成就。感谢工作中的好朋友毕仁飞、苏雪欣、王钟毓、胡蓉、赵磊、袁璐等兄弟姐妹，祝愿他们工作顺利，家庭幸福。感谢漂亮的侄女高文莉，她让我有机会听取自己的内心感受，在心灵世界中不断向上，祝愿她永葆纯真，找个如意郎君，一生幸福。最后，祈愿我们的祖国更加繁荣富强，祈愿我们的人民更加幸福安康。

图书在版编目（CIP）数据

中国社会主义新农村建设模式研究/李建桥著.
—北京：经济科学出版社，2017.9
（"三农"若干问题研究系列）
ISBN 978-7-5141-8378-8

Ⅰ.①中… Ⅱ.①李… Ⅲ.①农村-社会主义建设模式-研究-中国 Ⅳ.①F320.3

中国版本图书馆 CIP 数据核字（2017）第 212868 号

责任编辑：齐伟娜　江　月
责任校对：杨　海
责任印制：李　鹏

中国社会主义新农村建设模式研究

李建桥　著

经济科学出版社出版、发行　新华书店经销
社址：北京市海淀区阜成路甲 28 号　邮编：100142
总编部电话：010-88191217　发行部电话：010-88191522
网址：www.esp.com.cn
天猫网店：经济科学出版社旗舰店
网址：http://jjkxcbs.tmall.com
北京季蜂印刷有限公司印装
710×1000　16 开　11.75 印张　180000 字
2017 年 10 月第 1 版　2017 年 10 月第 1 次印刷
ISBN 978-7-5141-8378-8　定价：36.00 元
(图书出现印装问题，本社负责调换。电话：010-88191502)
(版权所有　侵权必究　举报电话：010-88191586
电子邮箱：dbts@esp.com.cn)